Edition
CONVERSO

Valerio Curcio

DER
TORSCHÜTZENKÖNIG
IST UNTER
DIE DICHTER GEGANGEN

FUSSBALL
NACH
PIER PAOLO PASOLINI

Aus dem Italienischen
von Judith Krieg

»Wie fühlt sich der wahre Sieg an?
Klatschende Hände oder
Erhöhung des Herzschlags?«

VOR DEM ANSTOSS

Moritz Rinke
Jedes Tor ist eine eigene Erfindung

Pier Paolo Pasolini, der große, freibeuterische Autor von *Ragazzi di vita* und *Petrolio* war offenbar besessen vom Biavati-Übersteiger. Amedeo Biavati war der vielleicht beste italienische Halbstürmer vor dem Krieg. Er begann seine Karriere bei Pasolinis Herzensverein, dem FC Bologna. Bei seinem Debüt 1933 in Serie A erzielte er innerhalb von zwei Minuten zwei Tore gegen den AC Casale, im nächsten Spiel traf er gleich wieder zweimal gegen den AC Mailand.

Pasolini muss das alles während seiner Schul- und Studienzeit verfolgt haben, auch die Weltmeisterschaft 1938 in Frankreich. Drei Spieler des neuen Weltmeisters Italien kamen aus Bologna, darunter natürlich auch Biavati mit zwei Vorlagen zum 4:2 gegen Ungarn.

Von diesem Finale existieren noch ein paar holprige, mal dunkler, mal heller flackernde Filmaufnahmen. Die Technik und Bewegungen der Spieler wirken von heute aus betrachtet wie aus der Bezirksklasse, aber in der zweiten Halbzeit sieht man einmal einen Sturmlauf von diesem Biavati über rechts, der schon ein bisschen die späteren Sturmläufe des Arjen Robben vorwegnimmt.

Ich bin alle Filmarchive durchgegangen, um weitere Spielszenen mit Biavati zu finden, weil sie mir plötzlich als Schlüssel zum Verständnis des Pier Paolo Pasolini erschienen, aber Aufnahmen vom berühmten Biavati-Übersteiger konnte ich nirgendwo finden.

Biavati hat den Übersteiger auch nicht erfunden. Diese Technik, bei der ein Spieler einen Fuß über den Ball setzt und damit einen Richtungswechsel antäuscht, sah man offenbar zuerst bei dem argentinischen Flügelstürmer Pedro Calomino, der ab 1911 für die Boca Juniors spielte. Amedeo Biavati aber machte die Technik in Italien bekannt, wo sie in den Dreißigern als *doppio passo* (Doppelschritt) in die Geschichte einging. Heute ist sie auf der ganzen Welt bekannt, insbesondere durch Cristiano Ronaldo und seine manchmal etwas affig wirkende Technik des Mehrfach-Übersteigers.

Pasolini muss sich ab dem 11. Lebensjahr in Bologna, auf den Wiesen von Caprara, mit dem Übersteiger Biavatis beschäftigt haben – so wie ich mich auf den Wiesen des Worpsweder Teufelsmoors mit dem Fallrückzieher von Klaus Fischer beschäftigte, den ich dann das erste Mal Mitte der Achtziger in einem Spiel für den FC Worpswede gegen den TSV Ritterhude einsetzte. Ich weiß es noch, als sei's erst gestern gewesen.

Es sind diese besonderen Spieler und ihre Bewegungen, die einen für ein ganzes Leben prägen können. So muss es auch mit Pasolini und Biavatis Übersteiger gewesen sein. Er übte ihn als Gymnasiast auf den Caprara-Wiesen, später auf den Plätzen der römischen Vorstadt, und er wendete ihn dann sein ganzes Leben an, wann immer er ein Spiel hatte. Und Pasolini hatte viele Spiele.

Es gibt noch eine andere besondere Begebenheit, die von Pasolinis Liebe zum Fußball erzählt und die mich wirklich tief berührt.

1963, in der Saison, als der FC Bologna zum siebten Mal italienischer Meister werden sollte, interviewte Pasolini die Spieler des FC Bologna. Das Thema war leider nicht der Übersteiger von Biavati, sondern das Verhältnis der Italiener zur Sexualität; das Ganze war für einen Dokumentarfilm mit dem Titel *Gastmahl der Liebe* gedacht. Pasolini hatte sich lange auf das Interview vorbereitet, war bereits Tage vorher an den Drehort gekommen, das Sportzentrum des FC Bologna.

Die Videoaufnahme des Interviews ist heute bei YouTube anzusehen. Pasolini im schwarzen Anzug, offenbar auch gerade beim Friseur gewesen, steht geradezu feierlich vor den Spielern in ihren Trainingsanzügen. Er wirkt wie ein hilfloser Liebender vor den Anbetungswürdigen, die dumpf, auch etwas stumpf wirken und ihm keinen brauchbaren Satz schenken können.

Mir ist das, was Pasolini mit den Spielern vom FC Bologna widerfuhr, auch schon passiert. In meine *Nibelungen* kam einmal bei den Wormser Nibelungenfestspielen die gesamte Mannschaft von Bayer 04 Leverkusen, kein Herzensverein wie der FC Bologna, aber immerhin spielten da gerade eine Reihe illustrer Profis. »Hat euch die Darstellung des Siegfrieds gefallen?«, fragte ich das Team danach. Michael Ballack kaute Kaugummi, als ob er mich gar nicht gehört hatte; Bernd Schneider starrte in die Kulissen, Lúcio lächelte an mir vorbei.

Die Liebe der Kulturschaffenden zum Fußball ist manchmal so glühend und blind, dass wir in die Protagonisten des Fußballs – unsere Sterne! – alles hineinprojizieren, was ohnehin schon in uns an Überhöhung vorhanden ist.

Der italienische Regisseur Sergio Citti, berichtete nach einem Treffen von Pasolini mit Bulgarelli, dem jungen Kapitän vom FC Bologna, dass Pasolini gewirkt hätte, als habe er Jesus gesehen.

So etwas kann ich mir bei Pasolini absolut vorstellen, weil ich es von mir selber kenne. Man vergisst in dem Moment auch den eigenen kulturellen Stellenwert und steht plötzlich ganz blank und zart vor seinen Kindheitsträumen und jenen, die sie verkörpern. »Meiner Ansicht nach lebte Pier Paolo mit rückwärtsgewandtem Blick. Er blickte seinem Kinder-Ich hinterher, das sich davongemacht hatte. Wenn er spielte, dann nahm dieses Kind zusammen mit dem Fußball wieder Gestalt an; wenn er mit dem Spielen aufhörte, verwandelte er sich aufs Neue in den unruhigen, geplagten Erwachsenen, zu dem er geworden war« – genauer und schöner als die Schriftstellerin Dacia Maraini kann man diese Liebe aus Kinderzeiten nicht beschreiben. (Wie Pasolini im Friaul an den Lippen von Fabio Capello, dem früheren italienischen Nationalspieler, hing, das lese man nach in diesem Buch!)

Ich erinnere mich noch an ein Gespräch vor einigen Jahren mit Günter Netzer bei einem Länderspiel in Mönchengladbach. Wir saßen danach an der Hotelbar, und ich hörte zu, wie Netzer von den alten Zeiten erzählte. Auch ich hing an Netzers Lippen. Ich erinnerte mich, dass meine Tante Anfang der Siebziger in ihn verliebt war und wie sie, ohne eigenes Fernsehgerät, immer zu uns kam, wenn es Länderspiele gab, bei denen Netzer mitspielte oder sich sogar selbst bei Spielen einwechselte. Ich erinnerte mich auch an die Begeisterung von Joseph Beuys für Netzer: Er hatte ihm sogar eine Professur für angewandte, ausübende und praktizierende Kunst an der Kunsthochschule in Düsseldorf angeboten!

Ich fragte Netzer an diesem Abend an der Hotelbar, ob er sich noch an das Angebot von Beuys in Sachen Kunsthochschule Düsseldorf erinnern könne. Netzer sah mich an, sagte nichts und sprach dann mit den anderen über Fortuna Düsseldorf, nicht über die Kunsthochschule. Ich dachte sofort, dass Beuys oder irgendjemand anderes sich das damals mit Netzer und der Professur nur ausgedacht hatte, um die Liebe der Kultur zu den auratischen Spielern noch weiter zu erhöhen.

Pasolini ließ für den Fußball sogar seine berühmte Kapitalismuskritik ruhen, als er von einem Bekannten auf der Frankfurter Buchmesse hörte, dass es in der Nähe ein neues Fachgeschäft gebe mit neuartiger Adidas-Fußballbekleidung. Pasolini verließ sofort die Buchmesse und kaufte für seine Mannschaft ein, offenbar ohne seine berühmte Verachtung für bourgeoise Kaufgier.

Natürlich hatte auch Pasolini eine eigene Mannschaft gegründet, genau wie ich. Seine hieß die *Nazionale dello spettacolo*, meine die Autorennationalmannschaft, abgekürzt: *Autonama*, ein Name, der Pasolini bestimmt gefallen hätte.

Mein Leben als Schriftsteller hatte sich mit der Gründung einer eigenen Mannschaft seltsam verwandelt, wie das von Pasolini, als er seine Mannschaft hatte und quer durch Italien und Europa reiste, um Fußball zu spielen.

Begonnen hatten wir 2005 in Mecklenburg-Vorpommern. Auf einer Wiese ohne Tore trafen sich 11 Schriftsteller, um in einer feierlichen Zusammenkunft die deutsche Autorennationalmannschaft zu gründen. Einer stand am Rande und versuchte ein ums andere Mal den Ball hochzuhalten, wie Sisyphos; ein anderer fiel in eines der Löcher in der Wiese und brach sich den Arm. Immerhin stand, kopfschüttelnd zwar, auch ein ausgewiesener Trainer auf der Wiese: der damalige Coach von Hertha BSC, Hans Meyer. Mit ihm reisten wir dann zur ersten Autoren-Weltmeisterschaft nach Italien, in die Toskana, nach San Casciano, es gab vorerst nur vier Teams. Wir spielten zuerst gegen Italien. Hätte dieses Spiel 30 Jahre früher stattgefunden, ich könnte wetten, bei der Gelegenheit hätte ich Pasolini kennen gelernt. Er hätte auf der einen Seite gestürmt, ich auf der anderen. Und er hätte dann mein 1:0 gesehen, kein Fallrückzieher, aber ein Flugkopfball aus acht Metern, bei dem ich in eine halbhohe Flanke von rechts hechtete.

Es gibt einige Berichte über dieses Tor, auf Italienisch, auf Deutsch. Manchmal habe ich dieses Tor gegen Italien auch selbst kommentiert, wie Pasolini seine Tore manchmal ebenfalls selbst kommentiert bzw. Spielberichte nachkorrigiert hat: »Ich füge euch diese Notiz aus dem *Popolo del Friuli* an, die – unter anderem – fehlerhaft ist und wie folgt angepasst werden muss: ›Als Erster traf Cecchet mit einem Elfmeter in der 20. Minute. Darufhin kam es auf dem Platz zu Krawallen zwischen Spielern, Schiedsrichter und Zuschauern; doch als wenige Minuten später wieder Ruhe eingekehrt war, schoss Pasolini mit einer Einzelaktion das zweite Tor.‹«

So etwas will man später über sich in den Biographien und Geschichtsbüchern lesen, und darum korrigieren Autorenspieler wie Pasolini oder ich die Spielberichte. »Jedes Tor ist eine eigene Erfindung«, schreibt Pasolini. »Jedes Tor ist Unausweichlichkeit, Geistesblitz, Staunen, Irreversibilität. Genau wie das dichterische Wort. Der Torschützenkönig einer Meisterschaft ist jedes Mal der Jahresbeste unter den Dichtern.«

Längst ist der DFB auf meine Mannschaft aufmerksam geworden und kleidet uns wie eine richtige Nationalmannschaft. Wir haben bereits mit Hymnen gegen England, Frankreich, natürlich immer wieder gegen Italien, gegen Ungarn, Israel, Norwegen, gegen die Ukraine und die Türkei, gegen Polen, Brasilien, Argentinien usw. gespielt. Manchmal rief mein Verlag an und fragte, wo denn das neue Theaterstück bliebe, und ich antwortete: Bald, nach dem nächsten Spiel! Pasolini machte es ja genauso, er richtete sogar seine Drehpläne nach seinen Spielen aus. Es ist eben eine Sache des Herzens und der Prioritäten.

Nach der Autoren-WM in der Toskana (bei der wir im Finale unterlagen) bereitete sich meine Mannschaft schon auf die nächste WM in Schweden vor, sie fand in Malmö statt, genau in dem Stadion, in dem der junge Pelé 1958 mit Brasilien Weltmeister geworden war. Das war auch mein Ziel, Weltmeister werden. Ich war nicht nur klassischer Mittelstürmer der Mannschaft, sondern mittlerweile auch eine Art Oliver Bierhoff der Rahmenbedingungen. Hans Meyer, nunmehr Cheftrainer beim 1. FC Nürnberg, konnte ich dazu bewegen, für uns das Nürnberger Trainingsgelände freizumachen; der DFB stellte den offiziellen WM-Mannschaftsbus von 2006 sowie zwei Physiotherapeuten zur Verfügung. Testspiele gegen Österreich, Saudi-Arabien und Finnland verliefen vielversprechend. Wir waren Gast im *Aktuellen Sportstudio* und begannen, Fußballbücher herauszugeben. Wir hatten wie Monty Python auf einer Wiese begonnen und jetzt waren wir im *Aktuellen Sportstudio*! Und Hans Meyer erwähnte mich sogar im *Kicker*, im geliebten *Kicker*! Er hängt noch heute am Kühlschrank.

Ich traf mich in der Folge mit Philipp Lahm. Wir sollten uns im Auftrag einer Wochenzeitung über das Schreiben von Büchern unterhalten, er hatte gerade ein Buch über sein Leben herausgebracht, ich eines über Fußball. Ich ging mit Thomas Tuchel in die Bar Tausend und trank die ganze Nacht Mineralwasser. Ich traf mich mit Jürgen Klopp, wir tranken Bier und sprachen über Samuel Beckett. Ich saß mit Thomas Hitzlsperger in der Schaubühne, und er wollte danach über moderne Dramatik sprechen, ich über den VFB Stuttgart. Mit Torsten Frings tauschte ich Stirnbänder in Bremen, Ralf Rangnick nahm mich mit zum Champions League-Finale Barcelona gegen Juventus Turin und telefonierte dabei die gesamten 90 Minuten mit dem Berater von David Selke, während ich versuchte, mich auf Lionel Messi zu konzentrieren. Mittlerweile war es wirklich so, dass die Fußballer sich offenbar gerne mit mir unterhielten, da war etwas entstanden – so wie man in diesem Buch erstaunliche Aussagen Fabio Capellos über Pasolini lesen kann.

Besonders schön war ein Treffen mit Horst Eckel, dem Weltmeister von 1954, der mir von jenem Lied erzählte, dass Sepp Herberger unter der »Brause« nach dem Wundersieg gegen Ungarn zu singen angeordnet hatte. Eckel schloss für einen Moment die Augen, dann sang er: »Hoch auf dem gelben Wagen«, und es war, als stünde ich plötzlich mit unter der Brause in Bern.

Wenn es mir doch vergönnt gewesen wäre, Pasolini kennen zu lernen! All das und mehr hätte ich ihm erzählt. Er hätte von seinen *partite*, seinen Spielen erzählt, ich von den meinen. In allen Einzelheiten hätte ich ihm mein Tor gegen Italien geschildert, und er hätte gesagt, dass er den Übersteiger à la Biavati immer noch beherrsche.

Einleitung

Pier Paolo Pasolini und der Fußball – das klingt nach einem reizvollen Gespann. Auf der einen Seite der Sport, eine besonders florierende Sparte der weltumspannenden Unterhaltungsindustrie: ein Spektakel, das trotz seiner ungebremsten Vermarktung weiterhin die Gemüter bewegt, dank der Geschichten seiner Protagonisten und der besonderen Beziehung zwischen den Fans und ihrer Mannschaft. Auf der anderen Seite ein sich seinerzeit jeder Vereinnahmung entziehender Intellektueller, dem bald fünfzig Jahre nach seinem Tod eine Anerkennung besonders auch kommerzieller Art zuteilwird, wie sie wohl größer nicht sein könnte – ja, es ließe sich mit Bezug auf die jüngeren Generationen gar von einer Wiederentdeckung sprechen. Das soll nun nicht heißen, Pasolini wäre in Vergessenheit geraten und bedürfte jetzt zum Jahrestag seines 100. Geburtstags einer Exhumierung. Ganz im Gegenteil. Nur wird an ihm, schmerzlich, das Paradoxon sichtbar: Einer der in aller Munde ist, ist umso unbekannter. Was bleibt heute von ihm, der sein Leben lang auch von der Justiz verfolgt wurde? Der sich als Kommunist bekannte, eine widerständige Dichtung schuf, aber wegen Erregung öffentlichen Ärgernisses stante pede aus der Partei ausgeschlossen wurde? Dem scharfen Kritiker der Konsumgesellschaft, dem tiefschürfenden Ermittler, der politische und industrielle Machtgruppierungen und ihre Verbindungen untereinander ins Visier nahm? Der mit seinen immer unbequemeren Wahrheiten, die er mit allen Mitteln der Kunst zum Ausdruck brachte (man denke an seinen Film *Salò* oder den unvollendeten Roman *Petrolio*), diese Gesellschaft schütteln, aufrütteln, wecken wollte? Der immer wieder für Skandale sorgte, aber nicht um des Skandals willen, sondern der Erkenntnis und der Wahrheit wegen?

Die Figur Pasolini hat – unter anderem im Rahmen eines öffentlichen Interesses an der städtischen Peripherie – seit geraumer Zeit sämtliche Medien und Kommunikationskanäle erobert: von Filmen und Graffitis über soziale Netzwerke und Ausstellungen bis hin zu Theateraufführungen und themenbezogenen Stadtrundgängen. Sein menschliches und künstlerisches Erbe wird dabei häufig auf stark vereinfachende, oberflächliche und auch verklärende Weise nachgezeichnet, verengt sich der Blick doch auf die Figur des »Dichters der *Borgate*«[1], auf den Intellektuellen, der am Leben in den Vorstädten Anteil nahm und ihnen durch seine Kunst Würde und Wert verlieh. Und diese Vereinfachung macht Pasolini »konsumierbar«, für alle verfügbar: Gerade der stets auf seine Unabhängigkeit bedachte Intellektuelle ist mittlerweile vollends zu einer Art offiziell abgesegneter Heldenfigur, einer Pop-Ikone geworden. Heute erschrickt er niemanden mehr von den Mächtigen dort im Palazzo, den er zeit seines Lebens durchleuchtet und bekämpft hat. Ja, er wird von jedermann nach Belieben gefeiert, Politiker der Linken, der Mitte und sogar der Rechten bedienen sich einzelner Aussprüche,

Sätze, schmücken sich mit seiner Figur. Dazu tragen sicher auch die heutigen Möglichkeiten medialer Verbreitung bei: Denn ebenjene Konsumgesellschaft, die Pasolini schon damals aufs Schärfste verurteilte, reproduziert nun sein Abbild in Serie, macht aus ihm im Zuge einer Kampagne post mortem eine Marke, wie es bereits bei Che Guevara als illustrem Vorläufer geschehen ist. Und sein politischer Standpunkt, sein Leben, seine Persönlichkeit, ja sogar seine Werke treten hinter dem übermächtigen Bild zurück.

Um Pasolini gerecht zu werden, müssen wir dieses vereinfachende Narrativ der Popkultur verlassen, uns ihm auf anderen Wegen nähern. Insofern sollte es nicht verwundern, dass sich nun ein Buch just Pasolinis Verbindung zum Fußball annimmt, die in der Betrachtung seines Lebens und Werks bislang eine Nebenrolle gespielt hat. Für Pasolini aber war der Sport die reinste Form der Erkenntnis, seiner selbst und der anderen, und so können wir mit Adriano Sofri sagen: »Es gibt nichts, was Pasolini, sein Wesen, besser erklären könnte als der Fußball.«[2]

Die beschriebene Gemengelage war also Anstoß und Grundlage für dieses Buch, in dem Pasolini und der Fußball im Mittelpunkt stehen: Es handelt sich selbstredend nicht um eine schlaglichtartige, oberflächliche Momentaufnahme, wie sie etwa ein Foto von ihm auf einem kleinen Fußballplatz aus festgestampfter Erde, er in eleganter Kleidung inmitten von zerlumpten Jugendlichen, oder ein kurzes Zitat zur liturgischen Funktion des Stadionbesuches in der heutigen Gesellschaft bieten. Nein, bei Pasolinis Verbindung zum Fußball geht es um sehr viel mehr: um ein vollkommenes, authentisches, tiefes und zugleich kaleidoskopisches Sich-Versenken, wie man es so selbst beim begeistertsten aller Fußballfans nur selten findet.

Vor diesem Hintergrund also wird der Versuch unternommen, Pasolinis vielseitigen Zugang zum Fußball allumfassend zu rekonstruieren. Die Erzählung folgt einer Art Mosaik aus fünf Kapiteln, den unterschiedlichen, nebeneinander existierenden Linien gewidmet, an denen entlang sich Pasolinis Liebe zum Fußball entwickelt hat: Da ist die nie erkaltete Leidenschaft für den FC Bologna, schon in Jugendtagen Verein seines Herzens; da sind seine eigenen Erfahrungen als Spieler, ob auf kleinen Plätzen der römischen Peripherie oder in großen Stadien in ganz Italien; die Spuren, die der Fußball in vielen seiner Werke hinterlassen hat, in den Erzählungen wie in den Romanen; seine zwar sporadische, aber intensive Arbeit als Sportjournalist, etwa anlässlich eines römischen Derbys oder bei der Olympiade im Jahr 1960; und zu guter Letzt seine so gewichtigen wie originellen Beiträge zur Rolle des Fußballs in der zeitgenössischen Gesellschaft. Möglicherweise lässt sich der originellste Wesenszug dieser Beziehung zwischen Pasolini und dem Fußball besonders gut anhand seiner persönlich gefärbten, sozialanthropologischen Deutung aufzeigen: jener »Linguistik des Fußballs«, die im Ballsport ein Zeichensystem sieht, auf dessen Grundlage der »heilige Ritus« im Stadion Gestalt annimmt, ein Ritus, der in gleichzeitiger physischer Anwesenheit sowohl der Fans/Gläubigen auf den Rängen als auch der zweiundzwanzig Spieler/Priester auf dem Platz zelebriert wird.

Kurzum, Pasolini begreift den Fußball als universelle Sprache, als Mittel der Kommunikation, der Interaktion, der Teilhabe: Und dies gilt im gleichen Maße für die Schotterplätze der römischen Peripherie wie für die großen Spektakel der ersten Liga.

DER FUSSBALLFAN

Die Fußballbegeisterung ist ein Jugendleiden,
das einen ein Leben lang begleitet.[3]

Bologna, die Rot-Blaue

Pasolinis Leidenschaft für den Fußball nahm in Bologna, seiner Geburtsstadt ihren Anfang; die Familie war mit ihm, er war noch ein Kind, weggezogen und erst als er die Oberschule besuchte, war sie wieder nach Bologna zurückgekehrt. Fußballspielen wurde für ihn zur alltäglichen Gewohnheit. Als Gymnasiast und später als Student bolzte er zusammen mit seinen Altersgenossen unermüdlich auf den Wiesen von Caprara jenseits der Stadtmauern im Nordwesten – ein lärmendes Durcheinander, das sich erst bei einsetzender Dunkelheit auflöste. Diese Nachmittage wird er später als die schönsten seines Lebens bezeichnen: So unbeschwert wie damals ist sein Leben vermutlich nie mehr gewesen. Von 1937 an besuchte er das Liceo Galvani, dann die Geisteswissenschaftliche Fakultät der Universität Bologna, war endlich für einige Zeit sesshaft, nachdem er mehrmals innerhalb Norditaliens hatte umziehen müssen. In jener Zeit entwickelte er seine Leidenschaft für den Fußball mit all seinen Facetten. An erster Stelle stand das eigene Spiel, ein Hobby, dem er auch in seinen reiferen Lebensjahren in Rom frönte. In der Hauptstadt der Emilia-Romagna wurde er darüber hinaus zum begeisterten Anhänger des FC Bologna, dem er voller Leidenschaft ohne Brüche und Pausen sein Leben lang treu blieb. Der Bologna Football Club erlebte damals seine Glanzzeit, und Pasolini wurde zum eingefleischten Fan.

Diesem Thema der Fußball-Leidenschaft widmete er sich 1969 in seiner *Il Caos* (Das Chaos) betitelten Kolumne in der Wochenzeitung *Tempo:* »Ich bin Bologna-Fan. Nicht so sehr, weil ich aus Bologna gebürtig bin, vielmehr, weil ich (nach langen, legendären, eines Heldenepos würdigen Aufenthalten in der Poebene) mit vierzehn dorthin zurückgekehrt bin und mit dem Fußballspielen begonnen habe.«[4] Einige Jahre später äußert er sich in einem Interview mit Giulio Crosti für *Paese Sera* auf ähnliche Weise: »Der Geburtsort hat keine Bedeutung, er ist nicht maßgeblich dafür, ob man ein Fußballbegeisterter, ein Fan wird. Ausschlaggebend ist, wann und wo man selbst die ersten Bolzversuche unternommen hat. Die Fußballbegeisterung ist ein Jugendleiden, das einen ein Leben lang begleitet.«[5]

Die enge Bindung an einen bestimmten Fußballverein auf den Schauplatz zurückzuführen, an dem man zum ersten Mal gebolzt hat, mag ungewöhnlich erscheinen. Pasolini hätte problemlos beteuern können, dass er Bologna-Fan sei, weil es sich eben um seine Geburtsstadt handele, aber nein: Er hielt Bologna die Treue, weil er dort seine Fußball-Initiation gehabt hatte.

An dieser Aussage können wir bereits erkennen, was Fußball für Pasolini bedeutete. Spieler- und Fan-Sein gehörten für ihn untrennbar zusammen, was dazu führte, dass sich die Spiele, denen er im Stadion beiwohnte, auch in den Spielen im Freundeskreis widerspiegelten. Der Fußball war für Pasolini, wie bei einem Kind, ein Spiel ohne Grenzen, bei dem man selbst in die Rolle der sonntäglich bewunderten Helden schlüpft, und gleichzeitig ein von Profis ausgeübter Sport, dem man mit ebenso grenzenloser Begeisterung folgen kann, ohne deshalb als unpolitisch angeprangert zu werden.

Das rot-blaue Trikot, das er anlässlich der offiziellen Spiele oder solcher im Freundeskreis trug, wie auch die Spieler des FC Bologna als seine Vorbilder, diese Details sind es, die Pasolinis Beziehung zum Fußball ausmachten. Besonders häufig griff er auf den »Übersteiger à la Biavati« zurück, eine Technik, in der er sich sein Leben lang versuchte.

Die Siegermannschaft, vor der die Welt erzittert

Pasolini hatte das Glück, den FC Bologna auf dem Gipfel seines Erfolgs zu erleben: Die goldenen Zeiten des Vereins fielen mit seinen Bologneser Schul- und Studienjahren zusammen. So konnte er jenes Team aus nächster Nähe verfolgen, das als »Siegermannschaft, vor der die Welt erzittert« in die Geschichte eingehen sollte. Jahrzehnte später erinnert er sich folgendermaßen daran: »Damals stand der FC Bologna im Zenit: Das war der FC Bologna von Biavati und Sansone, Reguzzoni und Andreolo (der König des Spielfelds), von Marchese, Fedullo und Pagotto. Ich habe nie etwas Schöneres gesehen als die Doppelpässe zwischen Biavati und Sansone (Pascutti war Reguzzoni nun schon ein wenig voraus). Was für Sonntage im Stadion von Bologna!«[6]

Zwischen 1932 und 1941 gewannen die Rot-Blauen viermal die italienische Meisterschaft und zweimal den Mitropa-Pokal, womit sie in Italien die Spitzenreiter Juventus und Ambrosiana-Inter und auf europäischer Ebene die Führung der österreichischen und ungarischen Mannschaften herausforderten. Der FC Bologna erkämpfte sich außerdem eine Hauptrolle bei einem wichtigen Ereignis in der Geschichte des europäischen Fußballs: 1937 kehrte die Mannschaft siegreich vom internationalen Fußballturnier anlässlich der Weltausstellung in Paris zurück, der erste offizielle Wettstreit, bei dem ein englisches Team, der FC Chelsea, gegen Mannschaften vom europäischen Festland angetreten war. Im Olympiastadion von Colombes[7] schlug die Mannschaft aus der Emilia-Romagna die Londoner mit 4:1 und sicherte sich so den Pokal.

Zurück in Bologna wurde sie auf dem Bahnhofsvorplatz von einer begeisterten Menge empfangen. Der Kritiker Massimo Raffaeli berichtet von einer Anekdote, die Paolo Volponi, Schriftsteller und enger Freund Pasolinis, häufig zum Besten gab – Volponi stammte aus Urbino, war aber ebenfalls Bologna-Fan: In den Fünfzigerjahren entdeckten er, Pasolini und Roberto Roversi während einer Redaktionssitzung der Zeitschrift *Officina*[8], dass sie am Morgen des 7. Juni 1937 alle drei die Schule geschwänzt hatten, um am Bahnhof ihre Helden zu feiern.[9]

Neben dem Pariser Pokal konnte der junge Pasolini während seiner Schul- und Studienzeit insgesamt drei italienische Meistertitel feiern. Und als wäre dem nicht genug, gewann Italien 1938 auch noch den zweiten Weltmeistertitel seiner Geschichte. Drei Spieler des FC

Bologna wurden im azurblauen Trikot zu Weltmeistern gekürt: Amedeo Biavati, Michele Andreolo und Carlo Ceresoli. Einem anderen Bologna-Spieler, Angelo Schiavio, war es zu verdanken, dass die Trophäe auch im Jahr 1934 an Italien ging: Im Spiel gegen die Tschechoslowakei hatte er mit einem Tor in der Nachspielzeit für den Triumph der italienischen Nationalmannschaft gesorgt. Ganz nüchtern betrachtet – es war schwer, in jenen Jahren in Bologna zu leben und einer solchen Mannschaft nicht zu verfallen.

Eine Fernbeziehung

Im November 1945 beschloss Pasolini das Studium an der Universität seiner Geburtsstadt mit einer Arbeit über den Dichter Giovanni Pascoli. Er kehrte jedoch nicht mehr dauerhaft nach Bologna zurück, sondern blieb in Versuta im Friaul, wenige Kilometer von Casarsa della Delizia, dem Heimatort seiner Mutter entfernt, und widmete sich dort voller Eifer seiner Arbeit und auch politischen und kulturellen Aktivitäten. Im Februar desselben Jahres hatte er die *Academiuta di lenga furlana* (Akademie der friaulischen Sprache), einen produktiven Kreis von Mundartdichtern, gegründet. Wenige Tage zuvor war in Porzûs, jenseits des Flusses Tagliamento, sein jüngerer Bruder Guido zusammen mit weiteren sechzehn Partisanen der Osoppo-Brigade von kommunistischen Partisanen ermordet worden. Die schreckliche Nachricht erreichte die Familie jedoch erst im Mai.

1947 erhielt Pasolini eine Anstellung als Italienischlehrer an der Mittelschule von Valvasone, wo er bis 1949 unterrichtete. In jenem Jahr begann der Spießrutenlauf, der ihn schließlich dazu brachte, die Region für immer zu verlassen. Eine Anklage wegen Verführung Minderjähriger und obszöner Handlungen in der Öffentlichkeit – wegen Letzterem wurde er erstinstanzlich verurteilt, im Berufungsverfahren jedoch freigesprochen – führte dazu, dass er auf bösartige Weise öffentlich an den Pranger gestellt wurde, ein Zustand, der sein Leben lang andauern sollte.

Aus der Kommunistischen Partei ausgeschlossen, aus dem Schuldienst entlassen, mit dem Vater bis aufs Blut zerstritten, von der öffentlichen Meinung niedergemacht: Das Leben im Friaul war für Pasolini unerträglich geworden. Im Winter des Jahres 1949 beschloss er, aus diesem Albtraum auszubrechen: Er wagte einen radikalen Schnitt und zog vom Land in die Stadt, vom Norden in den Süden, vom vertrauten Umfeld ins Unbekannte. Seine Reise nach Rom gemeinsam mit der Mutter Susanna war eine veritable Flucht, einer Romanhandlung würdig, wie er selbst schreibt.

Die ersten Jahre in der Hauptstadt brachten ein Gemisch aus Entbehrungen und Lebensfülle mit sich. Pasolini kam zunächst an der Piazza Costaguti unter, im ehemaligen jüdischen Ghetto, wo seine Mutter als Hausangestellte bei einer wohlhabenden Familie arbeitete, während er sich mit journalistischen und literarischen Texten über Wasser hielt. Doch das Leben ohne feste Arbeit war belastend. Dank der Vermittlung von Vittorio Clemente, seines Zeichens Mundartdichter aus den

Abruzzen, erhielt Pasolini eine Stelle als Lehrer an der privaten Mittelschule »Francesco Petrarca« in Ciampino. Lauscht man den Erinnerungen der wenigen Schüler, die das Privileg genossen, in den Jahren 1951 bis 1953 von ihm unterrichtet zu werden, so zeigt sich, dass der Fußball ein zentraler Bestandteil seiner pädagogischen Methode war. Für seine Klasse war es ganz selbstverständlich, sich während der Unterrichtszeit auf die Wiesen an der Via Appia Antica zu begeben und dort Fußballpartien im Schatten der Aquädukte, auf den noch brachliegenden Grünflächen an den Rändern der Stadt zu organisieren. Die Wettkämpfe zwischen »Versetzten« und »Nachprüflingen«, zwischen »Langen« und »Kurzen« oder anderen originellen improvisierten Teams fanden auf diesen bukolischen Spielfeldern statt, oder auf dem Fußballplatz des kirchlichen Jugendzentrums im Einzugsbereich. Doch da war nicht nur der Fußball. Der Regisseur und Schriftsteller Enzo Lavagnini berichtet, dass die Schüler im Vorfeld der olympischen Spiele 1952 eine Olympiade in Miniaturform auf die Beine stellten: Sie maßen sich etwa im Kugelstoßen mit Pflastersteinen und im Speerwurf mit Rohren, die sie auf Baustellen gesammelt hatten.[10]

Dank seines Lehrergehalts konnte Pasolini eine einfache Wohnung in der Via Tagliere im Viertel Ponte Mammolo mieten, am äußersten Stadtrand im Nordosten. Von dort aus musste er vier Straßenbahnen nehmen, um zur Schule in Ciampino im Süden Roms zu gelangen. Es waren schwierige Jahre, denn an die Stelle des christlich-ländlichen Idylls im Friaul traten nun die rauen Sitten und Mühen der »afrikanischen« Metropole: »Das Leben ist grausam in Rom, und wer nicht hart ist, nicht zäh und zum Kampf entschlossen, der kann hier nicht überleben. Es kommt mir vor wie ein Traum, dass ich früher Tage, Wochen, ganze Monate nur für mich hatte, ohne andere Verpflichtungen als ein Fußballspiel oder einen Tanz auf der Kirchweih.«[11]

Und doch wurden die prekäre wirtschaftliche Situation und die Alltagsmühen wettgemacht durch erste Schritte im kulturellen Leben der Hauptstadt: Die Genugtuung über die veröffentlichten Erzählungen und Artikel verband sich mit der Begeisterung über die städtische Peripherie, die Pasolini auf menschlicher, sozialer und sprachlicher Ebene für sich entdeckte.

Von den Gedichten, die im ersten Jahr in Rom entstanden sind, beschwört besonders eines Pasolinis wehmütige Erinnerungen an die Sonntage im Stadio Littoriale in Bologna (das heute Stadio Renato Dall'Ara heißt): »Und ich weiß, wie klar der Hügel / von San Luca sich im Oktober über dem Meer / aus Köpfen erhebt, welches das Rund des Stadions bedeckt.«[12] In der Hauptstadt frönte Pasolini nämlich weiterhin seiner großen Liebe zum FC Bologna, wie es vor allem seinen zahlreichen Briefen an Freunde und Kollegen zu entnehmen ist. Im Jahr 1954, Pasolini wohnte nun schon im Viertel Monteverde, schrieb er vor der Begegnung zwischen Inter und FC Bologna an den Dichter Vittorio Sereni, bekennender Inter-Fan: »Zu guter Letzt lasse ich dich wissen, dass mein Herz, wie auch das verfettete von Volponi, am Sonntag in Mailand schlägt: Und beide werden sie bis an den Rand der Thrombose klopfen. Und ich bedaure, dass unsere Freude eure Niederlage bedeuten wird ...«[13]

Und nach dem Spiel, das unentschieden endete, da der FC Bologna in einer Aufholjagd noch zwei Tore schoss, schrieb Sereni zurück: »So wie Severinus Boethius dem sterbenden Theoderich erschien, habe ich gestern im Zenit über San Siro die Erscheinung deines Grinsens und das gönnerhafte Lächeln dieses Fuchses von Volponi erkannt.«[14]

Pasolini hat, das steht fest, den FC Bologna wenn auch nicht regelmäßig, so doch mehrmals beim Auswärtsspiel im römischen Olympiastadion angefeuert. Daran erinnert sich auch Franco Citti: »Nur ein einziges Mal habe ich ihn wirklich stinksauer gesehen. Das war, als wir zum Match AS Roma – Bologna ins Olympiastadion gegangen sind und sein Verein 4:1 verloren hat.«[15] Obwohl Pasolini damals schon seit über zehn Jahren in Rom lebte und wahrlich anderes im Kopf hatte, konnte er über ein Spielergebnis seines geliebten FC Bologna noch immer in Rage geraten. Im Übrigen schilderte er 1973, im bereits genannten Interview mit Giulio Crosti seine Leiden als Fan folgendermaßen: »Damals, als ich in Bologna lebte, litt ich mit meiner Herzensmannschaft und auch heute leide ich noch fürchterlich. [...] Sich gedulden zu müssen, ist aufwühlend, eine Zerreißprobe. Später, nach dem Spiel, ist es etwas anderes; man resigniert angesichts des Ausgangs oder man jubelt.«[16]

Ein greifbares Zeichen von Pasolinis »Fernbeziehung« ist im Elternhaus seiner Mutter in Casarsa della Delizia, einem alten Bauernhaus, zu sehen, wo sich heute ein nach ihm benanntes Studienzentrum befindet: Die Wände des Zimmers, das Pier Paolo und sein Bruder

Das ehemalige Jungenzimmer in der Casa Colussi, dem Haus der Mutter und heutigem Sitz des *Centro di Studi Pier Paolo Pasolini.*
© Centro Studi Pier Paolo Pasolini

bewohnt haben, sind rundum rot-blau gestreift. Wie Angela Felice, Direktorin des Studienzentrums, berichtet, hatten die Bombardements im Jahr 1944 zur Folge, dass das Haus mitsamt dem übrigen Dorf verwaiste. Nach dem Krieg wohnten dort Pasolinis Tanten, später stand es aufs Neue leer. Als dann die Region Friaul die Immobilie erwarb und restaurierte, kamen unter einigen Schichten Putz wieder die Farben des FC Bologna zum Vorschein: Vermutlich hatten ebenjene Tanten den Raum auf diese originelle Art und Weise streichen lassen, um Pasolini bei einem seiner Besuche im Dorf damit eine Überraschung zu bereiten.

Gastmahl der Liebe

Im Jahr 1964, Pasolini lebte nun schon seit vierzehn Jahren in Rom, gewann der FC Bologna seinen siebten und letzten Meistertitel. Ein Erfolg, den Pasolini aus der Ferne miterlebte, war er doch mit den Dreharbeiten von *Il Vangelo secondo Matteo* (Das 1. Evangelium – Matthäus) und anderen Buch- und Filmprojekten beschäftigt. Obwohl mehr als zwanzig Jahre vergangen waren, seit der FC Bologna den Meistertitel errungen hatte, gab es doch noch eine Gemeinsamkeit mit der »Siegermannschaft« aus Pasolinis Jugend: und zwar den Präsidenten. Der allseits beliebte Renato Dall'Ara, nach dem dann 1983 das Stadion von Bologna benannt wurde, lenkte nach wie vor die Geschicke des Clubs. Vier Tage vor dem Entscheidungskampf, bei dem zum ersten und letzten

Mal in der Geschichte des italienischen Fußballs zwei genau gleichauf liegende Mannschaften um den Meistertitel kämpfen sollten, starb er an einem Herzinfarkt, als er sich gerade am Sitz der Profiliga aufhielt.

Zu Beginn jener unvergesslichen Fußballsaison, im Herbst des Jahres 1963, gelang es Pasolini, sich einen Traum zu erfüllen: Er konnte eine Begegnung mit den Spielern des FC Bologna organisieren, um sie zu interviewen. Die Gespräche wurden für den Dokumentarfilm *Comizi d'amore* (Gastmahl der Liebe), eine Reportage über das Verhältnis der Italiener zur Sexualität, mit der Filmkamera aufgezeichnet. Schauplatz dieser besonderen Zusammenkunft war das Sportzentrum neben dem Stadion, wo der FC Bologna trainierte. Pasolini hatte dort bereits zwei Tage zur Vorbereitung der Aufnahmen verbracht. Vor der Kamera wirken die Spieler ziemlich verlegen angesichts der unverblümten, allzu direkten Fragen des Regisseurs, der sie, in seiner Begeisterung über diese Begegnung, damit regelrecht bestürmt, aber nur recht einsilbige Antworten erhält.

Hören Sie, Pavinato, ist der Gedanke an das Sexualleben für Sie mit angenehmen Gefühlen verbunden oder beunruhigt Sie das?

Angenehm ist richtig, ohne Zweifel.

Sie fühlen sich also frei. Sie kommen aus Venezien, wenn ich nicht irre. Das ist ja im Allgemeinen eine sehr katholische Gegend. Denken Sie nicht, dass die Menschen dort von ihrer katholischen Erziehung beeinflusst sind?

Ich glaube nicht.

Und Sie, Bulgarelli?

Wir sind alle zum Katechismus gegangen und haben mitgemacht bei den Dingen in der Kirche und in der Gemeinde, also gibt es bei jedem von uns diesen Druck im Hintergrund.

Hören wir einen Torjäger, Pascutti: Fühlen Sie sich ebenso frei wie Pavinato, wenn es um gewagte Unternehmungen geht?

Ohne Frage.

Sehen Sie, ich meine frei nicht nur im Sinne, dass Sie ins Bett gehen können, mit wem es Ihnen gefällt, sondern auch in einem intellektuellen Sinne, in Ihrem Urteil über die anderen.

Na ja, ich fühle mich in beiderlei Hinsicht frei, ohne Frage.

Und Sie, Negri?

Bei mir ist alles in Ordnung. Ich verschwende keinen Gedanken an diese Dinge.

Ein zäher Charakter also. Und Sie, Furlanis, denken Sie, dass diese Zurückhaltung, die man Ihnen abverlangt, nur physiologische oder auch moralische Gründe hat?

Physiologische.

Meinen Sie nicht eher, man fordert von Ihnen, Ihre Bedürf-nisse zu unterdrücken, damit Sie dann auf dem Platz ag-gressiver sind?

Selbstverständlich.[17]

Wie sehr er sich auch über die Gelegenheit freute, Pa-solini war von den Interviews enttäuscht. Seine Be-kanntheit und die Natur seiner Fragen schüchterten die Spieler ein, und ihre Antworten fielen nicht so aus, wie er es sich erwartet hatte. Nur einer ließ sich wirk-lich auf die Sache ein, und zwar Giacomo Bulgarelli, der ohne Heuchelei den kulturellen Hintergrund der Italiener zur Sprache brachte: die katholische Erzie-hung, von der die sexuelle Orientierung und die Ge-wohnheiten im Land nach wie vor, in jenen Jahren so-gar mehr denn je, beschränkt und behindert wurden. Bulgarelli kam später auf jenes Interview zurück: »Wir lebten damals in einer sexualfeindlichen Welt. Ich er-innere mich, dass alle Reißaus nahmen vor diesem et-was anstößigen Mikrofon: Keiner hatte Lust, offen zu sprechen.«[18]

Zwei Fußball-Legenden

Bulgarelli und Pasolini waren einander von den Sech-zigerjahren an bis zum Tod des Regisseurs in gegenseitiger Wertschätzung verbunden. Und es kommt nicht von ungefähr, dass der Fußballer, damals gerade 23 Jahre alt, vor Pasolinis so unbequemen wie hartnäckigen Fragen als Einziger nicht gekniffen hat. Bulgarelli berichtete später davon, wie Pasolini zur Vorbereitung des Interviews an mehreren Tagen zum Training gekommen war und im Anschluss mit den Spielern zu Abend gegessen hatte. Und der Regisseur wollte ausschließlich über Fußball sprechen: »Ich wollte protestieren, mich interessierten auch andere Dinge. Er aber riss alle Gespräche an sich, wollte alles über das Umfeld wissen, in dem wir lebten.«[19]

Pasolini entwickelte für den jungen Mannschaftskapitän eine Bewunderung, die der eines Kindes für seinen Lieblingschampion in nichts nachstand: Sergio Citti berichtet in scherzhaftem Ton davon, dass er beim ersten Zusammentreffen »wirkte, als hätte er den Heiland in Person gesehen«.[20] Und diese Wertschätzung bezog sich nicht nur auf den Sport, denn der Regisseur bemühte sich auch – jedoch vergeblich –, Bulgarelli für einige Szenen in *I racconti di Canterbury* (Pasolinis tolldreiste Geschichten) zu verpflichten.

Bulgarelli rief in Pasolini also kindliche Begeisterung wach, und daher ist es nur legitim, hier auch an den eigentlichen Helden seiner Kindheit zu erinnern: an Amedeo Biavati, legendärer Rechtsaußen, der in ihm jene tiefe, zur Nachahmung anspornende Leidenschaft weckte, wie sie für Heranwachsende typisch ist. Während seiner Schul- und Studienzeit konnte Pasolini Biavatis Leistungen im Trikot der Rot-Blauen erleben: Wie auch Bulgarelli (den er schon als Junge entdeckte und förderte) stammt der Rechtsaußen aus Bologna; in die Geschichte des italienischen Fußballs ist er seines »Übersteigers« wegen eingegangen, den er vielleicht nicht erfunden, aber mit Sicherheit doch als einer der Ersten und auf besonders meisterhafte Art eingesetzt hat. Dieser besondere Trick, der nach Gianni Brera darin besteht, »das Dribbling mit dem rechten Fuß zu beginnen, der gestreckt ist, dann zurückgehalten und so scheinheilig wie geschmeidig wieder eingesetzt wird, wenn der Gegner längst mit dem linken Fuß rechnet«[21], zog Pasolini während der unvergessenen Nachmittage im Stadion in seinen Bann. Von den Wiesen in Bologna über die Plätze der römischen Vorstadt bis zu den Stadien, in denen er für wohltätige Zwecke zusammen mit Schauspielern und Fußballprofis kickte, das virtuose Dribbling sollte immer eines von Pasolinis Markenzeichen bleiben.

Giulio Nascimbeni beschreibt ein Treffen mit Pasolini im Oktober 1975, bei einem Abendessen auf der Frankfurter Buchmesse, wenige Tage vor der tragischen Nacht am Idroscalo, dem Wasserflughafen in Ostia. So wichtig diese Buchbranchen-Veranstaltung auch sein mochte, Pasolini war gelangweilt und wollte lieber über Fußball sprechen: »Den Übersteiger à la Biavati beherrsche ich immer noch. Erinnern Sie sich an Biavati?«[22] Seine Begeisterung für den FC Bologna war so groß, dass ihm auch die anderen Tischnachbarn »staunend lauschten. Der Dichter, der Autor der Freibeuterschriften listete Nachrichten aus der Welt des Sports einschließlich der Spielergebnisse auf, als handelte es sich um den Abschlussbericht eines Jahrbuchs. Es war, als sähe er auf einem imaginären Bildschirm Spieler mit viel Brillantine im Haar vorbeiziehen, weiße Tücher um die verschwitzte Stirn geknotet, und hochfliegende Fallrückzieher, ein völlig erschöpftes Knäuel im Schlamm der letzten Minuten ...«. Es folgt eine weitere außergewöhnliche Momentaufnahme aus Frankfurt: »Als er seinen Redefluss unterbrach, erzählte ich ihm, dass ich für meinen Sohn eine komplette Fußballgarnitur gekauft hatte, im Geschäft einer deutschen Firma, die inzwischen mit ihrer Sportbekleidung weltbekannt ist. Er fragte mich sofort nach der Adresse. Dann überlegte er es sich anders: ›Begleiten Sie mich morgen früh? Am Nachmittag reise ich ab, und ich würde gern für meine Mannschaft Kleidung kaufen.‹ Und so machten wir es. Pasolini stromerte fasziniert zwischen den Verkaufstischen herum. [...] Angesichts seiner Statur wählte er für sich selbst die kleinsten Größen. Der ›Übersteiger‹ à la Biavati würde beim nächsten Mal mit Sicherheit im neuen Trikot zum Einsatz kommen.«

Noch eine weitere Episode zeugt von Pasolinis tiefer Bewunderung für Biavati. Im Frühjahr 1975, während der Dreharbeiten zu *Salò o le 120 giornate di Sodoma* (Die 120 Tage von Sodom), gelang es dem Regisseur, gegen ein Team anzutreten, das sich aus früheren Stars des FC Bologna zusammensetzte, vor allem aus den Siegern der italienischen Meisterschaft von 1964. Das Spiel fand im Velodrom von Bologna statt und wurde durch Paolo Ferraris Fotos verewigt, die Pasolini dabei zeigen, wie er sich gerade in der Umkleide einen Kniestrumpf anzieht oder zu Spielbeginn mit Marino Perani, dem Kapitän der gegnerischen Mannschaft, auf dem Platz steht. Sein Team trat im traditionellen rot-blau gestreiften Trikot an, die Gegner trugen das neuere weiße Trikot mit dem diagonal verlaufenden zweifarbigen Streifen. Neben Perani spielten auch Carlo Furlanis, Paride Tumburus, Ezio Pascutti und Romano Fogli. Bulgarelli fehlte, aber an seiner statt nahm für ein paar Minuten, als Vertreter der Vorläufer-Generation, Biavati teil. Nach dem Spiel suchte Pasolini ihn in der Umkleide auf und bat ihn um ein Autogramm: Soweit bekannt, war Pasolini nur dieses einzige Mal an einem Autogramm interessiert.

Sympathien für den AS Roma

Pasolinis Treue zu seinem Verein geriet nie ins Wanken, sondern zeigte sich gegen jeden Zweifel gefeit, vor allem während der Jahre in Rom: »Ich bin weder für den AS Roma noch Lazio-Anhänger. Ich bin für den FC Bologna«[23], schrieb er 1957. Und doch hatte er zu der *squadra giallorossa*, den Gelb-Roten, eine besondere Beziehung. Wenngleich kein gebürtiger Römer, steht Pasolini doch unbestreitbar für Rom und ist vor allem Sinnbild der römischen Vorstadt geworden. Die Borgate adopierten Pasolini, und Pasolini adopierte die Borgate, wo er auch weiterhin auftauchte, als er schon in bürgerliche Viertel wie Monteverde oder EUR gezogen war. Ein Großteil der Menschen, mit denen er sich in Rom umgab, stammte aus den vergessenen Gegenden der Stadt und ebendort, zwischen Fabriken und Baracken, machte er sich auf eine abenteuerliche Suche nach originellen Gesichtern für seine Filme. Und die Söhne der Peripherie, angefangen mit seinen engen Freunden Ninetto Davoli und Sergio und Franco Citti, waren alle Anhänger des AS Roma.

Dies hat natürlich zur Folge, dass auch Tommaso Puzzilli und seine Freunde in *Una vita violenta* (Vita violenta) AS-Roma-Fans sind. Wenn sie einander beim Tischfußball anfeuern, rufen sie die Namen damaliger Spieler: Hier fällt ein »Mach schon, Veleno«, was der Spitznamen des Inter-Spielers Benito Lorenzi ist, aber auch und vor allem ein »Los, Treré, du schaffst das!«, nach dem damaligen Mittelstürmer des AS Roma.[24] In der Vorstadt ist der Fußball eine ernste Angelegenheit, und wird hier jemand als Fan der Konkurrenz tituliert, so kann das einer Beleidigung gleichkommen: »Guck dir das an! Verdammt, was für eine Nullnummer! [...] So ein scheiß Lazio-Fan!«[25], ruft Tommaso dem Jungen zu, der ihn nicht an den Tischkicker lässt. Und als er zu anderer Gelegenheit bei einem echten Spiel außen vor bleibt, beklagt er sich: »Der Richtige, der Richtige, und wer soll das sein? Wer seid ihr denn, etwa der AS Roma?«[26] Sobald er sich dann mit Gewalt seinen Platz erobert hat, vergleicht er sich mit einem der technisch versiertesten Spieler des AS Roma: »Siehst du denn nich, dass ich *Pandorfini* bin?«[27] Zum Schluss, im letzten Kapitel hat sich Tommasos Leben verändert: Auf die Loslösung aus seinem sozialen Umfeld folgt die moralische Wandlung, die in einem Rettungsakt und damit letztlich in seinem Tod gipfelt. Zunächst Sympathisant der Faschisten, dann der Christdemokraten, hat er sich während seines Krankenhausaufenthalts schließlich der Kommunistischen Partei angenähert. In seiner Jacke steckt neben dem Geldbeutel, der den Parteiausweis enthält, ein gelb-roter Kugelschreiber: vielleicht das einzige Symbol seiner Vergangenheit, das überdauert.

Auch in den ersten in Rom spielenden Erzählungen aus den Jahren 1950–1951 wird von allen Mannschaften einzig der AS Roma heraufbeschworen. In der Erzählung *La passione del fusajaro* (Die Leidenschaft des Bohnenverkäufers) liebäugelt Morbidone, der Protagonist, mit einem Pullover in einer Auslage am Campo de' Fiori, und gerät, verzückt über das teure Objekt seiner Begierde, ins Träumen: »Die Mädchen hatten nur noch Augen für ihn. Dann, am Sonntag in Ostia – nein, beim Fußballspiel. Da würde der AS Roma gewinnen – zum Ärger von Luciano und Gustarè – und er würde im blauen Pullover in ein Tanzlokal im Trionfale-Viertel gehen: und dort mit den allerschönsten Mädchen tanzen.«[28] Und Fan des AS Roma ist auch jener fiktive Journalist, an den sich der Erzähler in *Reportage sul Dio* (Reportage über den Gott) wendet – ein Schreiberling, der mit dem Barmann um einen Espresso auf die Ergebnisse der Gelb-Roten wettet.[29]

Dialekt, Spiele, Streifzüge, ein Bad im Fluss und in den *marrane*, den Wassergräben: Pasolini lässt sich bereitwillig auf alles ein, was der Mikrokosmos der römischen Vorstadt ihm zu bieten hat, auch auf die Begeisterung für einen Fußballverein. Hier zu behaupten, er sei nun ein Anhänger des AS Roma geworden, wäre jedoch falsch. Seiner exklusiven Liebe zum FC Bologna blieb er immer treu. Trotzdem ging sein Interesse für die Gelb-Roten offenkundig weit über die schlichte Neugier eines Beobachters hinaus. Der Dichter Aldo Onorati erwähnt diese »Sympathie« für den AS Roma: »Wenn er mich in der Gegend der Castelli Romani besuchte, kamen wir jedes Mal aufs Thema Fußball zu sprechen. Ich hielt zu Lazio: eine Mannschaft, für die er als eingefleischter Bologna-Fan und Sympathisant des AS Roma nicht viel übrighatte.«[30] Sicherlich trug auch Sergio Citti dazu bei, dass Pasolini wachsende Sympathie für den AS Roma empfand: Er führte ihn in die Welt der Gelb-Roten in den Fankurven des Olympiastadions ein, eine Zusammenballung römischer Wesensart, der Pasolini Gesichter, Ausdrucksweisen und Figuren entlieh.

Zwar berichtet auch Paolo Volponi in Laura Bettis Dokumentarfilm *Pier Paolo Pasolini e la ragione di un sogno* (Pier Paolo Pasolini und der Grund für einen Traum) davon, dass er mit Pasolini ins Stadion gegangen sei, doch die Beweggründe stellt er etwas anders dar: »Der AS Roma war berühmt-berüchtigt, weil er viele hervorragende Spieler hatte, aber trotzdem jedes Mal verlor. Bei einem Heimspiel eine Niederlage kassieren, gegen Legnano, gegen Modena ... Wir amüsierten uns köstlich über die Verzweiflung der römischen Massen angesichts dieser Katastrophe, die jeden Sonntag aufs Neue über sie hereinbrach.«[31] Es fällt schwer zu glauben, dass Pasolini nur deshalb ins Stadion ging, weil er hämische Genugtuung dabei empfand, die anderen verzweifelt zu sehen. Wahrscheinlicher ist, dass er sich mit Selbstverständlichkeit auf die Seite der Schwachen schlug, wie auch beim Derby im Jahr 1957, über das er für *L'Unità* berichtete – ein Wettkampf, aus dem der AS Roma siegreich hervorging: »Man kann gar nicht anders, als mit den Verlierern zu sympathisieren: Die Gewinner werden mir das zugestehen ...«.[32]

Unterm Strich fühlte Pasolini sich den Fans des AS Roma also verbunden, weil es sich um die Mannschaft der einfachen Leute handelte, die Mannschaft der verwahrlosten Viertel im Stadtzentrum, der vergessenen Peripherie, der entwurzelten Bauern, der Barackenbewohner, der Ausgestoßenen. Und wenn es diesen Schwächsten gelang, den Verein der Hauptstadt zu besiegen, dann konnte er sich ein Lächeln nicht verkneifen.

DER FUSSBALLSPIELER

»Wenn es für Sie das Kino,
das Schreiben nicht gegeben hätte,
was wären Sie dann gern geworden?«

»Ein guter Fußballspieler.
Nach der Literatur und dem Eros ist der Fußball
eine der größten Freuden für mich.«[33]

In Bologna

In Pasolinis Leben gibt es eine besondere Konstellation
von Umständen, die ausschlaggebend für die Symbiose
von eigenem Fußballspiel und begeisterter Anhänger-
schaft sein wird. Die Wiesen von Caprara, Schauplatz
seiner ersten Auftritte als Fußballer, sind auf legendäre
Weise mit der Geschichte des FC Bologna verknüpft:
Im Jahr 1909 begab sich nämlich Emilio Arnstein dorthin – ein junger Böhme, der schon den Fußballverein
Black Star Trieste gegründet hatte – und wählte die ersten Spieler für die Keimzelle des FC Bologna aus. Es heißt,
dass Arnstein, kaum war er in der Stadt, einen Straßen-
bahner danach fragte, wo er denn Leute finden könnte, die Fußball spielten. Daraufhin bekam er zu hören,
dass es gleich außerhalb der Stadtmauern »Verrückte«
gebe, »die hinter einem Ball herrennen«[34].
Unter diesen »Verrückten« befand sich ein gewisser Antonio Bernabéu, Student am Spanischen Kolleg und
älterer Bruder von Santiago, dem Fußballspieler und
späteren legendären Präsidenten von Real Madrid. Offiziell wurde der FC Bologna am 3. Oktober jenes Jahres
1909 in der Bierstube Ronzani in der Via Spaderie gegründet, doch es waren die Wiesen von Caprara, auf
denen Arnsteins Idee konkrete Gestalt angenommen
hatte. Genau dort, wo heute das Ospedale Maggiore, das
Städtische Krankenhaus von Bologna steht, trug der FC

Bologna am 20. März 1910 sein erstes offizielles Spiel gegen den Amateurverein Sempre Avanti aus, das er mit 10:0 gewann. Und genau dort wurde aus Pasolini ein Fußballspieler.

Zwar hatte er sich schon in seiner Kindheit daran versucht, vor allem im Friaul, doch erst in Bologna wurde das Kicken für ihn zu einer regelmäßigen und höchst vergnüglichen Gewohnheit, und das, obwohl er zuvor »so auf dieses Spiel herabgeschaut hatte«[35]. Er konnte auch sechs, sieben Stunden am Stück spielen und profitierte, als Flügelstürmer oder Halbstürmer, von seiner Schnelligkeit und seinem Kampfgeist. Bei seinen Freunden hieß er »Stuka«, nach dem berüchtigten deutschen Sturzkampfflugzeug. Während seiner Studienzeit nahm er, als Kapitän der Mannschaft aus Geisteswissenschaftlern, auch am Turnier der Bologneser Fakultäten teil. Im Frühjahr 1941 schreibt er: »Eine herrliche Sache das. Ich bin so gut in Form wie noch nie. Die Mannschaft der Geisteswissenschaftler wurde vierte von sechs; wir hatten großes Pech. Demnächst wird es ein weiteres Turnier geben; wir hoffen, dann besser abzuschneiden.«[36] Und tatsächlich, wie in jenem Brief angekündigt, gewinnt die Mannschaft der Geisteswissenschaftler mit ihrem Kapitän Pasolini das nächste Turnier.

Im Friaul

Bologna war die Stadt, in der Pasolini das Fußballspiel für sich entdeckte, während er im Friaul sozusagen den

Gipfel seiner Fußballerkarriere erreichte. Die Sommermonate seiner Schul- und Studienzeit verbrachte er für gewöhnlich in Casarsa, wo er sich später ganz nieder-

P.P.Pasolini Leo Comin

Casarsa FBC, die Zeichen der Zeit sind unverkennbar.
© Centro Studi Pier Paolo Pasolini, Casarsa (Pordenone)
Foto: Leo Comin

lassen sollte. Dort bot sich ihm die Möglichkeit, in der Jugendmannschaft des örtlichen Vereins, des Casarsa Foot Ball Club, zu spielen. Mit diesem Team nahm er auch an der italienischen Meisterschaft der faschistischen Jugendorganisation Gioventù Italiana del Littorio (GIL) teil. Im schwarzweißen Trikot des Casarsa FBC spielte seinerzeit übrigens auch der Mittelstürmer Manlito Bertolin, der später in die Welt des Profifußballs aufstieg und in der Saison 1948–49 Torschützenkönig des Zweitligisten ACR Messina wurde.

Neben seiner Teilnahme am Wettstreit der Jugendmannschaften bot sich Pasolini hin und wieder auch die Gelegenheit, bei den Sommerturnieren der Erwachsenen mitzuspielen. Dass er im Dorf seiner Mutter in die Mannschaft aufgenommen wurde, verdankte er weniger seinen technischen Fähigkeiten als vielmehr seiner Schnelligkeit und seinem Einsatz auf dem Platz. Wie sehr ihm diese Wettkämpfe am Herzen lagen, zeigt insbesondere ein Brief an seinen Freund Luciano Serra[37] aus dem Juli 1941: »Ich lese nicht viel; viel weniger als ich mir vorgenommen hatte; doch dafür ist mein Leben in der Praxis sehr abwechslungsreich und schön. Ich habe, mit ganz passabler Leistung, als Linksaußen für Casarsa gespielt, gegen Azzano Veneto haben wir 4:0 verloren. Morgen, am Sonntag, Spiel gegen Camino.«[38] Und auch an seinen Freund Franco Farolfi schreibt er im August 1941: »Im Namen der Nachfolge, die wir mit unserer Zeitschrift[39] schon in so jungen Jahren angetreten haben, lege ich euch diese Notiz aus dem *Popolo del Friuli* bei, die – neben anderen Dingen – fehlerhaft ist und wie folgt angepasst werden muss: ›Als Erster traf Cecchet mit einem Elfmeter in der 20. Minute. Daraufhin kam es auf dem Platz zu Krawallen zwischen Spielern, Schiedsrichter und Zuschauern; doch als wenige Minuten später wieder Ruhe eingekehrt war, schoss Pasolini mit einer Einzelaktion das zweite Tor.‹«[40]

Der Casarsa FCB trug seine Heimspiele auf einem Fußballplatz in der Nähe der Bahngleise aus. Als Umkleide diente ein Zimmer, zur Verfügung gestellt vom Hotel Leon d'Oro. Wegen ebenjener besonderen Lage in der Nähe des Eisenbahnknotenpunkts wurde das Spielfeld während der Bombardements durch die Alliierten, die das Dorf zwischen 1944 und 1945 verwüsteten, schwer in Mitleidenschaft gezogen. Die Krater wurden später von englischen Soldaten eingeebnet, die sich nicht zu schade dafür waren, ein paar Fußballpartien mit den Dorfbewohnern zu organisieren.

Andrea Canzian hat die Geschichte der Mannschaft in seinem Buch *SAS Juniors Casarsa* nachgezeichnet und zitiert darin einen Zeitzeugen, demzufolge Pasolini und die anderen Spieler bereits im letzten Kriegsjahr – die Nazis führten gerade Razzien durch – erste Pläne schmiedeten, wie denn der Fußball im Dorf nach der Katastrophe zu neuem Leben erwachen könnte. Bei diesem Zeitzeugen handelt es sich ebenfalls um einen Spieler der Jugendmannschaft, Giovanni Querin, der Folgendes berichtet: »Wir hatten uns zusammen mit Pier Paolo Pasolini und seinem Cousin Nico Naldini unter die Bögen des Kirchenschiffs geflüchtet, von wo aus wir, ohne selbst gesehen zu werden, beobachten konnten, wie die deutschen Soldaten auf dem Platz umhergingen. Das war ein tragischer Moment, sie wählten Gefangene aus, was deren Todesurteil gleichkam, als Vergeltung dafür, dass die Partisanen in der Kaserne der Carabinieri einige deutsche Soldaten getötet hatten. Und doch fanden wir in jenen Tagen des Schreckens im Versteck auch die Zeit, über Fußball zu sprechen und über einen Verein, der ins Leben zu rufen wäre, auch mittels der finanziellen und intellektuellen Unterstützung durch Pier Paolo Pasolini. Selbst in diesen tragischen Augenblicken spürten wir klar und deutlich, dass der Krieg dem Ende zuging und es wichtig war, an die gesellschaftlichen und sportlichen Aktivitäten im Dorf zu denken. Sie sollten wieder in Gang kommen, indem wir aufs Neue für intensive Gemeinschaftserlebnisse sorgten, wie es sie der Fußball nun einmal bot.«[41]

Pasolinis Beitrag hat Spuren hinterlassen, die bis heute sogar im Vereinsnamen erkennbar sind. Gleich nach Kriegsende war er nämlich an der Gründung des S.A.S. Casarsa im gelb-grünen Trikot beteiligt, dessen Akronym auf die ungewöhnliche Bezeichnung *Società Artistico Sportiva* (Kunst- und Sportverein) zurückgeht. Der ursprüngliche Plan war – es heißt, auf Anregung von Pasolini –, dass sich die Mannschaft durch Theateraufführungen und andere Arten von Unterhaltung finanzieren sollte.

Doch der Traum von einem Verein, der Kunst und Sport miteinander verband, scheiterte schon nach zwei entsprechenden Veranstaltungen: einer Theater- und einer Varietévorführung. Des ungeachtet wurde der S.A.S. Casarsa zum Symbol für die Dorfgemeinschaft und blieb seinem Plan treu, den sozialen Zusammenhalt nach den Schrecken des Krieges wieder zu stärken. Schon nach wenigen Jahren war es dem Verein gelungen, die Fußballbegeisterung der Bewohner von Casarsa wieder zu entfachen: Es gab nun sogar einen Ansager und eine Hymne für die Fans, die anlässlich der Spiele zu Hunderten herbeiströmten.

Eine andere Episode aus Canzians Buch besagt so einiges über die Atmosphäre rund um diese Mannschaft, die Pasolini so ans Herz gewachsen war: »Am Tag des Spiels gegen San Osvaldo aus Udine, eine sehr starke Mannschaft, war der S.A.S. ziemlich mitgenommen, mehrere Stammspieler waren gesperrt oder wegen Verletzungen ausgefallen und die Lücken mit Reservespielern gefüllt. Die Leute aus Casarsa wollten versuchen, wenigstens den ein oder anderen der stärkeren Spieler wieder ins Boot zu holen, und so baten sie die ihnen freundschaftlich gesinnten englischen Soldaten, den Platz ein paar Stunden vor dem Spiel militärisch in Beschlag zu nehmen.«[42] Der Schiedsrichter verschob das Spiel, doch die weniger wohlgesonnenen Verantwortlichen im lokalen Verband beraumten die Austragung schon für wenige Tage später an.

Die nicht verwirklichte Idee eines »Kunst- und Sportvereins« zeugt anschaulich davon, wie Pasolini jene Aspekte des gesellschaftlichen Lebens, die gemeinhin als »nieder« eingestuft wurden, in den Rang von Kunstformen erhob. Vom Mikrokosmos der Vorstadtbaracken samt Bewohner bis hin zum Fußball, alles konnte sich in Poesie verwandeln: auch der Übersteiger à la Biavati oder eine kleine Mannschaft, Mittelpunkt einer Dorfgemeinschaft. Und seine Eingebung war eindeutig visionärer Natur, existieren doch auch heute noch Beispiele für Sportvereine, die mehr oder weniger bewusst auf die Vorstellung vom Fußball als Kunstform zurückgreifen.[43]

Pasolinis Experiment in Casarsa blieb nicht seine einzige Erfahrung mit dem Amateurfußball im Friaul. Gleich nach dem Krieg zog er nach San Giovanni, ein Dorf, das ebenfalls zur Gemeinde Casarsa gehört, und trat der dortigen Ortsgruppe der Kommunistischen Partei bei. Dank einer Studie von Andrea Bruscia wissen wir, dass er auch in San Giovanni an der Gründung eines Fußballvereins beteiligt war.[44] Die Zielsetzung war mehr oder weniger dieselbe wie beim S.A.S. Casarsa: Man wollte die Schrecken des Krieges möglichst schnell vergessen und den Menschen Gelegenheit zur Zerstreuung und zu geselligem Beisammensein bieten. 1946 wurde der Verein Sangiovannese ins Leben gerufen und Pasolini übernahm eine dreifache Rolle als Vizepräsident, gelegentlicher Spieler und vor allem als charismatischer intellektueller Anführer.

Bruscia zitiert Lino Centis, einen Spieler des Vereins: »Eines Tages zahlte er [Pasolini] allen Spielern des Sangiovannese den Eintritt zu einer Vorführung. Ich erinnere mich an diese Episode, weil mich seine Großzügigkeit damals stark beeindruckt hat: Er fühlte sich seinen Mannschaftskollegen sehr verbunden und legte, eben weil er es sich leisten konnte, häufig ein solch freigebiges Verhalten an den Tag.«[45]

Die Jahre in Rom

Doch wenden wir uns nun Pasolinis Zeit in Rom zu. 1953 gab er seine Stelle an der Mittelschule in Ciampino auf und arbeitete von da an fest beim Film. Er war fortan sowohl kontinuierlich beschäftigt als auch finanziell abgesichert. Obwohl er bereits hin und wieder Filmsujets geschrieben hatte, eröffnete ihm das Drehbuch für Mario Soldatis *La donna del fiume* (Die Frau vom Fluss), das er gemeinsam mit Giorgio Bassani verfasst hatte, völlig neue Möglichkeiten. Dank dieses »Debüts« in der Welt des Kinos konnte er ein neues Leben beginnen: Er verließ nicht nur die Schule in Ciampino, sondern auch seine Wohnung in Ponte Mammolo und zog nach Monteverde Vecchio, in die Via Fonteiana 86.

Seine neue Bleibe lag zwar in einem kleinbürgerlichen Umfeld, sein Leben aber war auf den südwestlichen Rand des Viertels, zur Via di Donna Olimpia hin ausgerichtet: Dort, inmitten der Felder und Wassergräben, hieß Rom schon nicht mehr Rom; keine andere Gegend der Peripherie lag so nahe am Stadtzentrum wie diese ausgedehnten Bezirke mit Mietskasernen aus der Zeit des Faschismus. Die *grattacieli*, »Wolkenkratzer«, wie die Bewohner sie nannten, waren in den Dreißigerjahren vom Istituto Case Popolari (Institut für sozialen Wohnungsbau) errichtet worden, um die Massen von Evakuierten unterzubringen, die im Zuge der Abrissarbeiten durch die Faschisten ihr Zuhause verloren hatten. Und zwischen ebenjenen eindrucksvollen Gebäuden siedelte Pasolini die ersten Kapitel von *Ragazzi di vita* an, in der Gluthitze der Schotterplätze, auf denen die Protagonisten seines Romans über Stunden Fußball spielen:

»Deshalb verbrachten sie die Nachmittage mit Nichtstun in der Via Donna Olimpia oder auf dem Monte di Casadio mit den anderen Jungs, die auf dem Platz der

kleinen, von der Sonne ausgeblichenen Mulde rumfuß-
ballerten, und später dann mit den Frauen, die ihre Wä-
schestücke auf dem versengten Gras ausbreiteten. Oder
sie gingen auf den Platz zwischen den Hochhäusern und
dem Monte di Splendore Fußball spielen, unter Hunderten von anderen Jungs, die in den sonnenbeschienenen Innenhöfen oder auf verdörrten Wiesen, in der
Via Ozanam oder in der Via Donna Olimpia vor der mit
Evakuierten und Ausquartierten vollgestopften Giorgio-Franceschi-Volksschule rumkickten.«[46]
Die Giorgio-Franceschi-Volksschule, in der auch Riccet-
to, einer der *ragazzi di vita*[47], untergekommen ist, wurde
ebenfalls während des Faschismus erbaut. Der Roman
erzählt die tragische Geschichte vom Einsturz eines der
Gebäudeflügel im Jahr 1951, bei dem einige der dort in
Scharen hausenden Evakuierten ums Leben kamen –
in der Fiktion ist die Mutter des Protagonisten unter
den Toten. Heute blicken die Wohnblöcke und die Schule auf die Piazza di Donna Olimpia. In der Nähe – dort
wo seinerzeit der Hügel mit dem Namen »Monte di
Splendore« lag und heute eine nach Fabrizio De André
benannte Schule steht – versammelten sich die Jugend-
banden der Gegend zu endlosen Fußballpartien. Wer
der Via Ozanam folgt, kann linkerhand an einer Mau-
er einige großformatige Fotos bewundern, auf denen
Pasolini zu sehen ist. Urheber der Fotografie-Installa-
tion ist Silvio Parrello, heute Dichter und Maler und
seinerzeit ein *ragazzo di vita* mit dem Spitznamen Pecetto. Dieser Beiname geht auf seinen Vater zurück, der
Pecione genannt wurde, weil er Schuhmacher war und
bei seiner Arbeit Pech, *pece*, verwendete. Heute verkör-

pert Silvio Parrello das historische Gedächtnis des Viertels, und er ist auch das Kind, das auf einem der ausgestellten Fotos an einem steilen Abhang mit Pasolini Fußball spielt. Außerdem gehört ihm das »Scrittoio« in der Via Ozanam 134, ein kleines Atelier mit Bibliothek, wo man noch heute seinen Erinnerungen an Pasolinis Besuche im Viertel lauschen kann: »Er kam jeden Tag hierher, um mit uns zu kicken. Er war gut angezogen, krempelte sich die Hosen hoch und improvisierte. Aber nach dem Krieg besaß nicht jeder einen Fußball: Im Gegenteil, nur Giovanni, der Narbige, und Cippichetto besaßen einen. Er wartete vor der Schule auf sie. Ich weiß noch, wie er sagte: ›Los Cippichetto, hol den Ball, wir spielen!‹, und dem Jungen fünfhundert Lire gab.«[48] Um die Via di Donna Olimpia herum spielte Pasolini Fußball, folgte den Jungen bei ihren Streifzügen, hielt ihm unbekannte Wörter in seinem Notizbuch fest und stürzte sich in denkwürdige, ja fast schon legendäre Unternehmungen, wie jene, von der Pecetto immer aufs Neue erzählt: »In der Senke am Monte di Splendore weideten Tiere. Einmal unternahm er eine Kraftprobe: Er kroch unter eine Kuh und hob sie mit den Schultern an. Er war 1,67 Meter groß und wog 59 Kilo, aber wenn wir gegen ihn kämpften, hatten wir selbst zu dritt keine Chance.«[49]

Eine Episode aus dem Jahr 1956 zeigt anschaulich, mit welch unterschiedlichen Menschen Pasolini damals Umgang hatte. Auf einem Fußballplatz bei den Wohnblöcken von Donna Olimpia kam es zu einem Wettstreit zwischen einer Auswahl von Jungen aus dem Viertel und einer ganz aus Schriftstellern bestehenden

Mannschaft, der sich neben Pasolini etwa auch Giorgio Bassani, Manlio Cancogni, Cesare Garboli und Vittorio Sermonti angeschlossen hatten. Es existieren keine weiteren Informationen über dieses (Aufeinander) Treffen der beiden Welten, deren Bindeglied Pasolini war, mit Ausnahme des Spielergebnisses: Die Literaten gewannen zunächst mit 7:2, verloren dann aber die Revanche mit 0:8.[50]

1958 starb Pasolinis Vater, und zwei Jahre später zog er zusammen mit der Mutter in die Via Giacinto Carini 45, ebenfalls in Monteverde, aber weiter von Donna Olimpia entfernt, in das Haus, in dem auch Attilio Bertolucci mit seinen beiden Söhnen Bernardo und Giuseppe wohnte. Mit dem Wohnungswechsel wechselten auch seine Freundschaften, und er ließ sich nun seltener bei den Wohnblöcken von Donna Olimpia blicken. Nur noch ab und zu stattete er seinen früheren Freunden einen Besuch ab, und dann sah man ihn in seinem Seicento, einem Geschenk von Bertolucci, auf der Via Ozanam heranbrausen. Das Auto ließ er absichtlich offen, mit ein paar Münzen für die Jugendlichen des Viertels darin.

Seine Werke hatten inzwischen ein breites Publikum erobert: Als er in die Via Carini zog, lag die Veröffentlichung von *Vita Violenta* und *Gramsci's Asche* noch nicht lange zurück, und mit *Accattone* bereitete er nun sein Kinodebüt vor. Der Mittelpunkt seines Lebens hatte sich verschoben. In Begleitung von Sergio Citti lernte er jetzt die östliche Peripherie der Stadt kennen: Tiburtina, Tor Pignattara und Pigneto. In der Sportanlage Campo XXV Aprile in Pietralata verfolgte er seit 1968 den Sportverein Albarossa, der mit der Ortsgruppe der Kommunistischen Partei in der Via Pomona verbunden war. In dieser Sektion, die Pasolini gut bekannt war, spielen auch einige Seiten aus *Vita Violenta*. Albarossa war mit dem Ziel gegründet worden, den Scharen von Kindern im Viertel, die ihre Tage auf der Straße verbrachten, eine Abwechslung und sportliche Betätigung zu ermöglichen, vor allem den an Skoliose erkrankten unter ihnen. Pasolini schätzte die soziale Ausrichtung des Vereins, und noch heute erinnern sich einige Alte daran, dass er während der Spiele häufig in den Rängen saß und auch einige Male selbst mit seinen Freunden aus Pietralata auf dem Platz kickte. Auch in der Umgebung seiner zweiten Wohnung in Monteverde hat Pasolini zahlreiche Spuren in der Erinnerung hinterlassen.

Gino Capone, der »Er Pera« aus *Ragazzi di vita*, ein engagierter Kämpfer in der Ortsgruppe der Kommunistischen Partei und einst Pasolinis Gemüsehändler, erzählt davon, wie der Künstler – stets den unvermeidlichen Notizblock in der Hand – zum Mäuerchen ging, wo sich am Abend die Jugendlichen aus der Villa Agnese, eine Art betreutes Wohnen mit familienähnlichen Strukturen, zum Rauchen und Trinken versammelten. Aber wie schon in Donna Olimpia war er meist auf dem Fußballplatz anzutreffen, genauer gesagt auf dem Spielfeld, das zum Jugendzentrum der Chiesa Regina Pacis gehörte. Capone berichtet wie folgt:

»Bevor die Spekulanten dort bauten und das Feld auf Handtuchgröße schrumpfte, war der Fußballplatz des kirchlichen Jugendzentrums elf Meter lang und aus festgestampfter Erde. Hier kickten wir, zusammen mit

Die begehbare Erinnerung: das *Scrittoio* in der Via Ozanam 134, lebendig gehalten von einem *ragazzo di vita*, in arte Pecetto alias Silvio Parella. Foto: Valerio Curcio

Nulla è più anarchico
del Potere, anarchico
il Potere fa praticamen-
te ciò che vuole.
P.P. Pasolini

Pasolini, praktisch jeden Tag. Hatten wir gut gespielt, dann gingen wir manchmal alle gemeinsam in eine Pizzeria in der Nähe des Ponte Bianco, wo gleich gegenüber die Stadt begann. Hatten wir aber sehr gut gespielt, dann brachte Pasolini uns zu den Mercati Generali, zu einer Osteria an einer Straßenecke am Tiber, wo Musikanten die Gäste unterhielten. Nach dem ersten Liter Wein waren wir alle betrunken und sangen. Ich war damals vierzehn. Pasolini war der einzige Erwachsene in unserer Gruppe, und er nutzte diese Momente, um sich ins Labyrinth des römischen Dialekts zu begeben. Ab und zu bat er uns, ihm bestimmte Ausdrücke, die ihn interessierten, zu übersetzen und zu erklären, aber das irritierte uns, weil wir den Ursprung der Wörter eben nicht erklären konnten. Es gab viel Gerede darum, dass Pier Paolo der einzige Erwachsene in einer Gruppe von Jungs war. Wer in ihm unbedingt einen gewalttätigen Menschen sehen wollte, hielt hartnäckig an dem Glauben fest, dass er uns gefügig gemacht hätte. Was mich angeht, stimmt das nicht, und ich glaube auch bei den anderen nicht daran, denn für ihn war es damals in Rom sicher nicht schwierig, einen jungen Liebhaber zu finden.«[51]

Mit Beginn der Sechzigerjahre stürzte sich Pasolini kopfüber in die Welt des Films. 1961 kam *Accattone* in die Kinos, 1962 *Mamma Roma*, 1963 war er an *La rabbia* und an *Ro.Go.Pa.G.* beteiligt, und so ging es weiter bis 1975, fast jedes Jahr erschien ein neuer Film. 1963 bezog er die Wohnung in der Via Eufrate 9 im EUR-Viertel, die dann seine letzte Bleibe in Rom sein sollte. An die Stelle der Fußballpartien mit den Jugendlichen von Monteverde und Donna Olimpia traten nun die mit dem jeweiligen Cast seiner Filme, mit der *Nazionale dello spettacolo* – der Nationalmannschaft der darstellenden Künste – und mit Unbekannten, denen er auf seinen

Der Regisseur Pier Paolo Pasolini und der Carabiniere als *tifoso*.
Foto: Reporters Associati&Archivi ©gettyimages

Streifzügen durch die Stadt begegnete. Ninetto Davoli erinnert sich an die häufigen Fußball-Pausen, die Pasolini während der Arbeit an einem neuen Film einlegte: »Wenn wir unterwegs waren, sah Pier Paolo immer wieder Gesichter, die ihm interessant erschienen, vor allem in den Arbeitervierteln. Dann schickte er mich vor, und ich tat so, als müsste ich etwas fragen. Er selbst blieb in fünf-sechs Metern Entfernung stehen und beobachtete die mimischen Reaktionen, die Gesten des ahnungslosen Kandidaten. Wenn dieser ihm gefiel, kam auch er näher, andernfalls gab er mir ein Zeichen zum Aufbruch. Wenn wir auf Jugendliche stießen, die auf einem improvisierten Platz eine Runde Fußball spielten, fragte er häufig, ob er ein bisschen mitkicken dürfe. Dann war er glücklich wie ein Kind.«[52]

Von den bekanntesten Schauspielern bis zu den Maschinenmeistern musste der gesamte Cast mitspielen. Ugo De Rossi[53], damals ein junger Cutter, lernte Pasolini 1971 während der Aufnahmen von *Il Decameron* (Decameron) kennen. Die beiden gingen jeden Tag in die – zwischen Kolosseum und Circus Maximus gelegenen – Safa-Palatina-Studios. De Rossi erinnert sich an die angenehme Routine der Tage am Set: »Ab mittags um halb eins dachte Pasolini nur noch ans Fußballspielen, um Punkt eins ging es dann los. Wir spielten eine Stunde, von eins bis zwei. Danach aßen wir die berühmten Fleischbällchen der Safa Palatino und machten uns wieder an die Arbeit.«[54]

Das Fußballspielen war für Pasolini fundamental, nichts konnte ihn davon abhalten, nicht einmal die Wetterlage. Auch hierzu hat De Rossi eine Anekdote parat: »Ich erinnere mich an einen Regentag, wir befanden uns in den Räumen der NIS Film[55] in der Via Rocca di Papa. Dort zog sich eine lange Glasfront den ganzen Flur entlang, und unglaubliche Wassermassen prasselten darauf. Als wir zum Aufzug gingen, um in den vierten Stock zu fahren, sagte Pasolini zu mir: ›Ugo, bist du bereit? Um halb fünf spielen wir.‹ ›*Dottore*, es regnet doch.‹ ›Um halb fünf scheint die Sonne.‹ ›Aber ich bin noch nicht fertig mit der Arbeit, morgen geht's ans Abmischen.‹ ›Nein, Ugo, um halb fünf spielen wir.‹ Also bin ich bis nach Casal Palocco[56] gefahren und habe dort gekickt, und dann habe ich bis Mitternacht gearbeitet, um noch einmal alles zu kontrollieren. Und es hat nicht geregnet.«

In den intensivsten Jahren seiner künstlerischen Arbeit war das Fußballspiel für Pasolini quasi zu einer physischen und existenziellen Notwendigkeit geworden. Es bot einen Moment der Freiheit und Sorglosigkeit, der Geselligkeit und körperlichen Betätigung, eine Gelegenheit, die er sich nicht entgehen lassen konnte. »Eine Art von mehreren, mich an der frischen Luft auf dem Rasen unter echten Menschen zu bewegen, ohne hierarchischen Überbau«, erklärte er gegenüber *Settimana TV*.[57]

Unter den Zitaten, die Valerio Piccioni in seinem Buch *Quando giocava Pasolini* (Als Pasolini kickte) versammelt hat, sticht jenes von Giacomo Ciarlantini heraus, der seinerzeit die erste *Nazionale dello spettacolo* (Nationalmannschaft der darstellenden Künste) mitinitiiert hat: »Er sagte immer, ein Partie Fußball sei wie ein Monat Ferien.«[58] Außerdem ist da die Aussage von Luciano Gonini, des »Piede d'oro« aus *Accattone:* »Um zwei Dinge ging es ihm, wenn er kickte: Er wollte sich amüsieren und uns privat kennenlernen, auf dem Fußballplatz kam er uns näher als während der Probeaufnahmen.«[59]

Franco Citti wiederum berichtet von der aufhellenden Wirkung, die das Fußballspielen auf Pasolinis Stimmung hatte: »Nach den Wettkämpfen verdüsterte sich seine Miene wieder. Es war, als würde sich ein Schleier über alles senken. Vorbei waren die Begeisterung, der magische Augenblick, in dem er wieder wie ein Junge lächelte und lachte. Wenn die Anspannung des Spiels vorbei war, kehrte er in seine Glasglocke zurück, in sein Schweigen, und lebte erst wieder auf, wenn er mit den Kommentaren über die einzelnen Spielpassagen oder über das Terrain nicht einverstanden war. Schweißüberströmt, mit Erde und Schlamm beschmiert, schlüpften wir unter die Duschen, und er war aufs Neue allein, versank sofort wieder in seinen Gedanken und Problemen, über die er niemals sprach, mit niemandem.«[60]

Dacia Maraini schließlich liefert im Interview, am Ende dieses Buchs, ihre eigene Deutung des Fußballspielers Pasolini: »Meiner Ansicht nach lebte Pier Paolo mit rückwärtsgewandtem Blick. Er blickte seinem Kinder-Ich hinterher, das sich davongemacht hatte. Wenn er spielte, dann nahm dieses Kind zusammen mit dem Fußball wieder Gestalt an; wenn er mit dem Spielen aufhörte, verwandelte er sich aufs Neue in den unruhigen, geplagten Erwachsenen, zu dem er geworden war.«[61]

Die *Nazionale dello spettacolo*

Allerdings gibt es auch eine andere Version des Fußballspielers, einen Pasolini, der zu offiziellen Anlässen

Little Tony, Enzo Cerusico, Franco Interlenghi, Pier Paolo Pasolini, Franco Citti im Fußballtrikot (Nationalmannschaft der darstellenden Künste). Foto: Reporters Associati&Archivi ©gettyimages

kickte und sich nicht einfach nur während der Dreharbeiten die Hosen hochkrempelte und hinter dem Ball herrannte. Einen Pasolini mit der Kapitänsbinde am Arm und dem azurblauen Trikot der *Nazionale dello spettacolo*, Vorläufer-Mannschaft der zahlreichen Teams, die heute Benefizspiele austragen.

Diese Mannschaft, die anfangs den Namen »Schauspieler und Sänger« trug, wurde im Jahr 1966 ins Leben gerufen, nachdem sich Pasolini, Ninetto Davoli und

Franco Citti dafür eingesetzt hatten. Sie versammelte Persönlichkeiten aus Film und Musik – darunter Gianni Morandi, Ugo Tognazzi, Enrico Montesano, Little Tony, Enzo Cerusico und Tony Santagata – und nahm an Spielen in ganz Italien teil, um Geld für wohltätige Zwecke zu sammeln. In den Siebzigerjahren nahm das Projekt – dank der Unterstützung des Schauspielers Livio Lozzi – organisatorisch Fahrt auf und erhielt nun den neuen Namen *Trofeo della Pace*, »Friedenstrophäe«.[62] Die Spieler trugen jetzt offizielle Kleidung: ein azurblaues Trikot, darauf die Zeichnung eines Baumes mit fünf Händen in den Farben der Olympischen Ringe, die die Weltkugel stützen.

Die Fotos und die wenigen verfügbaren Filmaufnahmen zeigen Pasolini der Nachwelt als Linksaußen, die Nummer 11 auf dem Rücken und das Gesicht verzerrt vor Anstrengung, während er mit schnellen, aggressiven Bewegungen von einer Seite des Platzes zur anderen rennt. Er betrachtete die Spiele mit der *Nazionale* als wichtige Verpflichtung und war daher bemüht, niemals auch nur eines davon zu versäumen, sondern immer bereitzustehen, die Kleidung schön gebügelt, die Schuhe blankgewienert. Lozzi, der ihn in seinen letzten Lebensjahren kennenlernte, erinnert sich: »Oft ließ er für die Turniere sogar seine Arbeit liegen. Einmal rief ich ihn wegen eines Spiels in Nettuno an, als er gerade in Russland drehte. Er bat mich darum, ihm am Flughafen Rom-Fiumicino ein Auto bereitzustellen: Er flog aus Russland dorthin, kam nach Nettuno, und nach dem Spiel fuhr er dann sofort wieder nach Fiumicino, nahm einen Flieger nach Moskau und kehrte ans Set zurück.«[63] An Pasolinis Seite spielten neben den schon genannten Altgedienten auch Schauspieler wie Mario Valdemarin, Don Backy, Raf Vallone, Franco Franchi oder Franco Gasparri, und außerdem Profi-Fußballer wie Giacomo Losi, Angelo Benedicto Sormani oder Fabio Capello.

Im Sommer fanden die Spiele oft im Friaul, in Grado statt. 1969 organisierte Pasolini dort seine Gegenveranstaltung zur Biennale in Venedig, die *Settimana internazionale del cinema* (Internationale Woche des Kinos), in deren Rahmen *Porcile* (Der Schweinestall) vorab gezeigt wurde. Grado war ein beliebter Badeort und zog mit seinen Stränden viele Fußball-Profis an. Dank der Unterstützung des Bürgermeisters konnten gemischte Mannschaften aus in der Sommerfrische weilenden Künstlern und Fußballern im städtischen Stadion zu Benefizzwecken gegeneinander antreten. Im Anschluss ließ man den Abend mit einem gemeinsamen Essen ausklingen. Selbstverständlich war Pasolini als Nummer 11 immer in einer der beiden Mannschaften dabei.

Unter den Urlaubern befand sich auch Fabio Capello[64], der ebenfalls aus dem Friaul stammt und sich wie folgt an jene Sommerspiele erinnert: »Er liebte den Fußball, und noch mehr liebte er es, in seiner Heimat zu spielen. In Fußballangelegenheiten war er höchst bewandert: Er stellte mir Fragen zur Taktik und wollte wissen, was man auf dem Platz so empfand. Ihn interessierte das Emotionale am Spiel.«[65] Auch der Schauspieler Mario Valdemarin nahm damals an den Wettkämpfen teil: »Pasolini war sehr interessiert an dem, was Capello zu erzählen hatte. Er fragte ihn nach dem Spiel gegen England, bei dem er ein Tor geschossen hatte, damals, als Italien zum ersten Mal bei einem Heimspiel der Engländer gewonnen hatte. Dann hing er an seinen Lippen wie ein Kind. Ich hatte ihm wenig zu bieten, aber ich erinnere mich daran, dass ich ihn einmal fragte: ›Wie kommt es, dass die Armen in deinen Filmen immer hässlich sind?‹, und er mich mit einem Satz vernichtete: ›Weil die Armen eben hässlich sind.‹ Und das ist in der Tat wahr, es war einfacher, schöne Menschen unter denjenigen zu finden, die warmes Wasser hatten, während ihre Lebensbedingungen es den Armen damals nicht möglich machten, mit einem angenehmen Äußeren heranzuwachsen.«[66]

Neben Capello befand sich damals auch Angelo Benedicto Sormani[67] in Grado. In seiner Wohnung in Rom bewahrt der italienisch-brasilianische Mittelstürmer ein Portrait von Pasolini als Fußballspieler auf, das die Signatur des Malers Renato Guttuso trägt: »Wir spielten zusammen, ich im Sturm, er war Linksaußen. Er war wirklich fußballverrückt und für einen Intellektuellen spielte er ziemlich gut. Er genoss es sehr, mit Fußballern zu tun zu haben; obwohl wir keine Freunde wurden, freute auch ich mich darüber, ihn zu kennen. Für uns war er ein Mann von Kultur, aber er war nicht im Geringsten bemüht, diesen Unterschied hervorzuheben.«[68]

Mit der *Nazionale dello spettacolo* spielte Pasolini überall: Die Tore aller Stadien öffneten sich ihm, vom kleinen Gemeindefeld bis zu den heiligen Hallen der ersten Liga. Seine Notizkalender, gehütet von seiner Cousine Graziella Chiarcossi, zeugen für die Jahre 1971 bis 1975 von einer Unmenge an Fußballterminen in ganz Italien: L'Aquila, Ancona, Fiuggi, Jesolo, Cisterna, Subiaco, Attigliano, Carsoli, Riccione, Mailand, Neapel. Zu seinen Lieblingszielen gehörten die Küstenorte bei Rom (Fregene, Ladispoli, Nettuno), und auch die Namen von Stadtvierteln tauchen auf: 23. Mai 1974 in Testaccio, zwei Tage später in Monteverde, 19. September in Valle Aurelia, 5. Oktober in Monte Sacro (»Spiel um 15 Uhr, Zio d'America[69]«). Am 27. November 1974 eine Notiz: »Die Sachen zum Fußballspielen nach Chia mitnehmen.«

1971 spielte er im römischen Stadio Flaminio gegen Veteranen der Vereine AS Roma und S.S. Lazio, unter denen sich etwa der unvergessene Giacomo Losi befand, der frühere Kapitän der Gelb-Roten. Die Filmzeitschrift *Cinemondo 148* veröffentlichte einen unterhaltsamen Bericht über dieses Spiel, der noch heute in der Kinemathek in Bologna zugänglich ist: Angesichts der vernichtenden Niederlage, einem eindeutigen 3:0 zugunsten der Ex-Fußballer, werden Pasolinis und Morandis technische Fähigkeiten aufs Korn genommen. Giacomo Losi kam in diesem Spiel die Aufgabe zu, Pasolini zu decken: »Ich war der Libero, und er rückte ständig nah an mich heran, ich lief drei Schritte weiter und sagte zu ihm: ›Pass auf, dort gerätst du ins Abseits.‹ Ich erinnere mich, dass er antwortete: ›Was bedeutet das, Abseits?‹ Wenn er den Ball bekam, versuchte er, ihn hochzuspielen und einen Fallrückzieher zu machen. Auf dem Spielfeld war er bescheiden, aber motiviert, er versuchte nie, sich als Person in den Vordergrund zu drängen.«[70]

Es existiert ein wunderbares Foto aus dem Jahr 1975, auf dem Pasolini im Trikot des CFC Genova zu sehen ist. Am Tag dieser Aufnahme wurde die *Nazionale dello spettacolo* im Stadio Luigi Ferraris in Genua durch eine Auswahl von Journalisten herausgefordert – die Künstler traten in ebenjenem Trikot des CFC Genova an, die Journalisten im Trikot von Sampdoria Genova. Beide Teams erhielten Verstärkung durch ehemalige Spieler der zwei Genueser Vereine. Auf besagtem Foto ist Pasolini beim Verlassen des Spielfelds zu sehen, an seiner Seite Valdemarin und Flavio Emoli, der für Juventus F.C., den SSC Napoli und den CFC Genova gespielt hatte und wegen einer angeborenen Missbildung, die bereits in seiner Jugend entdeckt worden war, den wenig zartfühlenden Spitznamen *Cuore matto*, »verrücktes Herz«, trug.

Die Organisation des Spiels hatte Valdemarin übernommen. Der Schauspieler erinnert sich wie folgt an den Moment, als er Pasolini ansprach: »Er sagte sofort zu, noch bevor ich ihm überhaupt die Stadt genannt hatte. Er besorgte sich einen Flug und kam im Laufe des Morgens an. Wir aßen mit zwei anderen Kollegen aus Genua zu Mittag und spielten dann am Nachmittag im Stadio Ferraris. Später sah er sich meine Aufführung an, wir aßen im Restaurant zu Abend und um ein Uhr nachts fuhr er im Schlafwagen nach Rom zurück.«[71]

Mit dem Flugzeug, dem Zug, dem Auto: Dass Pasolini durch Italien oder Europa reist, um Fußball zu spielen, scheint eine Konstante in seinem Leben zu sein. Auch Franco Citti spricht in seiner Autobiografie davon: »Selbst wenn er weit weg war, vielleicht im Ausland, privat oder der Arbeit wegen, war er in der Lage anzurufen und zu fragen, wann wir denn wieder ein Spiel organisierten, wann er zurückkommen sollte und um wie viel Uhr wir spielten.«[72]

1900 gegen *120*

Eines der Spiele, an denen Pasolini beteiligt war, ist ganz besonders lebendig in Erinnerung geblieben. Es fand am 16. März 1975 in Parma statt, auf dem Fußballplatz im Cittadella-Park, wo der örtliche Verein trainierte. Anlass war der vierunddreißigste Geburtstag von Bernardo Bertolucci, mittlerweile ein arrivierter Regisseur, dessen Karriere im Übrigen als Regieassistent bei den Dreharbeiten zu *Accattone* ihren Lauf genommen hatte. Mit Sicherheit ist das Pasolinis berühmtestes Spiel, sei es wegen der Bedeutung, mit der es sich von Anfang an auflud, sei es wegen der darauffolgenden »philologischen« Diskussionen.

Pasolini drehte gerade in Mantua *Die 120 Tage von Sodom* (es sollte sein letzter Film sein). Bernardo Bertolucci wiederum befand sich am Set von *1900* in der Umgebung seiner Heimatstadt Parma. Laura Betti, die in Bertoluccis Film die Regina verkörpert (die Cousine des Protagonisten Alfredo, gespielt von Robert De Niro), übernahm die Schirmherrschaft über diese ungewöhnliche Geburtstagsfeier: Man wollte damit die Spannung auflösen, die in den vorangegangenen Monaten durch einige kritische Äußerungen Pasolinis zu *Ultimo tango a Parigi* (Der letzte Tango in Paris) aufgekommen war. Bei diesem Spiel, das als *1900 gegen 120* in die Annalen einging, traten die Casts der beiden Filme gegeneinander an. Die Regisseure allerdings trafen nicht aufeinander, zumindest nicht auf dem Platz: Pasolini spielte zwar und trug sogar die Kapitänsbinde, aber Bertolucci beließ es dabei, die Seinen – bei dieser Gelegenheit angeführt vom Tonassistenten Decio Trani – als Zuschauer anzufeuern.

Ugo De Rossi, bei *120 Tage* ebenfalls am Schnitt beteiligt, erinnert sich wie folgt an die auch durch »Klassenunterschiede« bedingte Spannung, die trotz der Absichten der Organisatoren zwischen den beiden Casts in der Luft hing: »Die beiden Filme gehörten zur selben Produktionsfirma, der PEA; wegen ihrer unterschiedlichen Budgets und Produktionsbedingungen standen sie in Konkurrenz zueinander. Man nannte sie scherzhaft ›Das lahme Jahrhundert‹, weil Bertolucci nicht fertig wurde, und ›Die schnellen 120‹. Der unsrige war ein Proletarier-Film, der andere ein Film von Herren, von uns ›die Hutträger‹ genannt. Pier Paolo lag viel daran zu gewinnen, weil das ein Match gegen den reichen Film war.«[73]

Die Fußballabenteuer jenes Tages sind noch heute in Laura Bettis Film *Pier Paolo Pasolini e la ragione di un sogno* (Pier Paolo Pasolini und der Grund für einen Traum) aus dem Jahr 2001 zu sehen. Die Aufnahmen stammen von Clare Peploe, der damaligen Freundin und zukünftigen Frau Bertoluccis, und halten das Ergebnis auf unmissverständliche Weise fest: 5:2 für den Cast von *1900*, wie ein Spieler der siegreichen Mannschaft mit den Fingern anzeigt. Bertolucci behauptete jedoch sieben Jahre später, dass sein Team eine Viertelstunde vor Schluss mit 19:13 in Führung gelegen habe und Pasolini wutentbrannt den Platz verließ, weil seine Mannschaftskollegen ihm den Ball nicht zuspielten. Wenn auch dieses Ergebnis mit Sicherheit nicht stimmt, wie zahlreiche Spieler beider Mannschaften bestätigt haben, so steht wiederum fest, dass Pasolini in Rage geriet und vor der neunzigsten Minute vom Platz ging. Der Grund hierfür war jedoch ein anderer als der von Bertolucci genannte.

»Gestanden« hat dies der bereits erwähnte Decio Trani, Tonassistent und Kapitän des *1900*-Teams: »Unsere Mannschaft wirkte wie die Armee des Brancaleone, wie eine Gurkentruppe. Pasolinis Mannschaft hingegen war stärker, und er selbst ein schöner Spieler, wie auch Davoli und die Citti-Brüder. Einer von uns, der ausspionieren ging, wie die anderen spielten, kam zurück und sagte: ›Im Vergleich zu euch sind die Brasilien.‹ Da beschloss unser Produktionsleiter, uns mit einem Trick zum Sieg zu verhelfen. Er fand ein paar Jungs, die in der Jugendmannschaft des FC Parma spielten und stellte sie als Requisiteure ein, sodass sie Teil der Truppe waren und sich der Mannschaft anschließen konnten.«[74] Dieser Schachzug muss es gewesen sein, der Pasolini zur Weißglut brachte. Er nahm zwar immer mit großem Einsatz und Siegeswillen an den Spielen teil, war aber eigentlich von sanftmütigem Wesen und nicht so leicht aus der Fassung zu bringen.

Das Hinzuziehen von professionellen Spielern beziehungsweise Beinahe-Profis, Mitgliedern der Fußballjugend des FC Parma, wird durch Clare Peploes Aufnahmen bestätigt, in denen eine Stimme außerhalb des Sichtfeldes, wahrscheinlich die eines Spielers aus Pasolinis Mannschaft, in römischem Dialekt ruft: »Nein, bei *1900* haben wir auf keinen Fall Profis engagiert! Wie viel hast du dcm Schweden bezahlt?«[75] Wer wohl dieser »Schwede« war, ob ein exotisches Talent aus der Nachwuchsmannschaft des FC Parma oder einfach nur ein Spieler mit blondem Schopf, darüber ist nichts bekannt. Was bleibt, ist die Tatsache, dass Bertoluccis Mannschaft, wie von deren zentralen Figuren selbst bezeugt, das Spiel mit eher krummen Methoden gewann. Zur teilweisen Entlastung von *1900* sei gesagt, dass die Mannschaft von *120* zahlenmäßig stärker war und ebenfalls einen »richtigen« (Ex-)Fußballspieler in ihren Reihen versammelte: Umberto Chessari, ehemaliges Mitglied der Jugendmannschaft des S. S. Lazio, der aber tatsächlich zu Pasolinis Cast gehörte.[76]

Den Sieg der *1900*-Mannschaft überschattet noch eine weitere unfaire Episode, von der Decio Trani ebenfalls berichtet: »In der fünften Minute glich Pasolini Maradona, keiner konnte ihn aufhalten. Wenig später schon landete der Ball in unserem Tor, und weil ich einen weiteren Treffer verhindern wollte, sagte ich zu Barone, einem unserer Maschinenmeister: ›He Barò, wenn er kommt, dann geh nah an ihn ran, versuchen wir, ihn zu stoppen‹, aber nach ein paar Minuten trafen sie schon wieder. Da sagte ich, wir sollten ihm richtig auf die Pelle rücken, so wären wir ihn für den Rest des Spiels los. Und tatsächlich ging ich ihn einen Moment später hart an, um ein Haar hätte ich ihn kaltgemacht. Er wurde ausgetauscht und ab da ging es für uns bergauf.«[77] Hiermit sind wir möglicherweise auf den wahren Grund dafür gestoßen, dass Pasolini den Platz verlassen hat: Er wurde, durch das Tackling eines Maschinenmeisters der *1900*-Crew, mit Absicht außer Gefecht gesetzt. Wenn auch die Rekrutierung echter Profis und das Foul an Pasolini den Wettkampf für Bertoluccis Cast in eine günstige Richtung lenkten, fällt es wiederum schwer zu glauben, dass ein anderer, für diese Gelegenheit ersonnener Behelf ebenfalls entscheidend zum Ergebnis beigetragen haben soll: So hatte die Kostümbildnerin Gitte Magrini ein violettes Outfit entworfen, über das schräg der Schriftzug »1900« verlief und das sie mit bunt gestreiften Kniestrümpfen kombinierte, ein Versuch, den Gegner von seiner Konzentration auf den Ball abzulenken. Pasolinis Cast wiederum griff zu einer eindeutig nostalgischen Lösung: zur rot-blauen Garnitur des FC Bologna, eine Art Affront, bedenkt man, dass das Spiel schließlich in Parma ausgetragen wurde.

Die Filmaufnahme des Wettstreits zeigt auch ein Stück der langen »dritten Halbzeit«, die auf das dreimalige Erklingen der Trillerpfeife folgte. Zunächst nahm Bertolucci auf dem Platz einen Pokal entgegen, dann wurde eine riesige Torte in Gestalt einer Filmklappe hereingetragen, auf die sich die Spieler, Pasolini inbegriffen, stürzten, um sie mit bloßen Händen zu verspeisen. Die beiden Regisseure erscheinen hier lächelnd und Arm in Arm, die Atmosphäre wirkt entspannt. Decio Trani zufolge verlief diese »dritte Halbzeit« jedoch alles andere als freundschaftlich. Für den Abend hatte die Produktionsfirma alle Beteiligten in ein Restaurant in der

Nähe von Parma geladen, wo sich dann der letzte Akt dieses Tages vollzog:

»Als wir drinnen waren, kam es zu einer richtigen Lagerspaltung: wir auf der einen Seite, Pasolinis Leute auf der anderen, und feindselige Blicke gingen hin und her. Während des Essens rief Bernardo den Kellner und sagte zu ihm: ›Füll etwas vom Dom Pérignon in diesen Pokal, geh an den Tisch dort und biete ihn den Herrschaften an.‹ Viele aus Pasolinis Mannschaft lehnten ab, ein paar nahmen das Angebot an. Bernardo war rundum zufrieden, er versuchte zwar, damit hinterm Berg zu halten, aber der Sieg war doch eine Genugtuung für ihn, wenn er sich auch aus Fußball nicht viel machte. Zunächst war er sogar gegen das Spiel gewesen, weil er die Rivalität mit Pasolini entschärfen wollte.«[78]

Es ist also kein leichtes Unterfangen, aus heutiger Sicht nachzuvollziehen, was damals genau geschehen ist, und vor allem auch die Atmosphäre dieses Spiels zu erfassen, bei dem die Protagonisten zweier Meisterwerke des italienischen Kinos gegeneinander angetreten sind.«

Das letzte Spiel?

Welches von Pasolinis Spielen sein letztes war, steht nicht eindeutig fest. Laura Betti geht davon aus, dass es sich um das legendäre Spiel gegen Bertoluccis Cast handelte, doch damit liegt sie falsch. Salvatore Mugno hingegen berichtet in seinem Buch *L'ultima partita di*

Pasolini (Pasolinis letztes Spiel) vom Auftritt der *Nazionale dello spettacolo* in Trapani am 4. Mai 1975. Gewiss war auch dies nicht Pasolinis letztes Spiel, aber es lohnt sich doch, hier einige der Details aus den Beschreibungen des sizilianischen Autors wiederzugeben.[79]

An jenem Tag ging der damals zwölfjährige Mugno zusammen mit seinem Vater ins Stadio Provinciale in Trapani, um den *Fotoromanzo*-Helden Franco Gasparri und den Komiker Franco Franchi zu sehen, die bei einem Wettstreit der *Nazionale dello spettacolo* gegen eine Mannschaft aus Lokaljournalisten antreten sollten. Die beiden so sehnlich erwarteten Stars tauchten jedoch nicht auf. Trotz ihres Fernbleibens wurde Mugnos Aufmerksamkeit gefesselt, und zwar von Pasolini, der auch bei diesem Benefizspiel wieder mit von der Partie war. Das Publikum bedachte ihn mit alles andere als subtilen Kommentaren. An der Reaktion seines Vaters konnte Mugno jedoch ablesen, dass es sich um eine bedeutende Persönlichkeit handelte: »Das musste ein Mann von besonderem Format sein, hatte mein Vater doch auf den verächtlich-spöttischen Ton verzichtet, der normalerweise zum Einsatz kam, wenn es um einen *warmen Bruder* ging.«[80] Vor den Augen eines hauptsächlich aus Hausfrauen und jungen Mädchen bestehenden Publikums endete der Wettkampf mit einem 2:1 zugunsten der Künstler-Mannschaft. Das Auswärtsspiel in Trapani ging über einige Tage, und die ungewöhnliche Truppe aus Schauspielern und Sängern wurde zu den örtlichen Sehenswürdigkeiten geführt und zu zahlreichen gesellschaftlichen Ereignissen eingeladen.

Mugno berichtet auch davon, dass jene Tage von einer

bedrohlichen Präsenz begleitet wurden: »Auf den Willkommensfotos wie auch auf den Aufnahmen von der Preisverleihung und Verabschiedung sind jeweils einige Mitglieder der ›politischen Einheit‹ der Polizei von Trapani in Zivil zu sehen. Ein Zufall? Routine? Oder hatte irgendjemand ein besonderes Interesse an dieser präventiven Überwachung?«[81] Und er erzählt von einem Gala-Abend, an dem die Gäste und die politische Elite der Stadt von der Band *Cugini di Campagna* unterhalten wurden: »Es kam zu einem merkwürdigen Zwischenfall. Gegen zwei Uhr nachts wurden Pasolini und Ninetto Davoli von der Polizei ins Hotel Tirreno gebracht, das etwa fünfzehn Kilometer vom Tanzlokal entfernt lag. Die beiden hatten die Veranstaltung verlassen, um mit einem geliehenen Auto auf Gutdünken die Stadt zu erkunden. Doch schon nach kurzer Zeit waren sie von einer Streife angehalten worden, und da weder der Regisseur noch der Schauspieler sich ausweisen konnten, ihre Papiere waren im Hotel, wollten die Polizisten ihren Angaben keinen Glauben schenken. Zwecks der üblichen Dokumentenkontrolle wurden sie also zurück ins Hotel eskortiert. Stand Pasolini möglicherweise unter Beobachtung? Man erzählte sich, dass er nach einem Doppelbett gefragt hatte und sie es sich in besagter Nacht zu dritt teilten. Neben Pasolini und Davoli schlief darin auch ein junger Mann aus Rom.«[82] Das Match in Trapani, das von dem Parteiflügel der Aldo-Moro-Anhänger unter den örtlichen Christdemokraten organisiert worden war, ist ein gutes Beispiel für die Aktivitäten der *Nazionale dello spettacolo*: Es waren publikumswirksame Benefizveranstaltungen, die

Leute strömten voller Begeisterung herbei, um Fernseh-
stars und Musikgrößen in Fleisch und Blut zu erleben.
Pasolini stand gern für gesellschaftliche Veranstaltungen bereit, solange sie auf dem Platz stattfanden, bei
den Unternehmungen rund um die Spiele aber fühlte
er sich unwohl, vor allem wenn hier die wichtigsten
lokalen Akteure beteiligt waren. Mugnos Erinnerung
nach war er auch zu besagter Gelegenheit schweigsam
und nervös: Es ist also nicht verwunderlich, dass er
sich ein Auto lieh und mitten in der Nacht in den Gas-
sen von Trapani spazieren fuhr.

Am 14. September 1975 fand – nach heutigem Wissens-
stand – in San Benedetto del Tronto Pasolinis letztes
Fußballspiel statt. Die *Nazionale dello spettacolo* war ins
Stadio Fratelli Ballarin geladen, um dort gegen ein Team
aus Ex-Profis des SS Sambenedettese anzutreten: »Ehemalige Stars des ihrerzeit noch nicht so hoch rangie-
renden Vereins, die für einen Tag die Arbeit in einer Bar,
einer Parfümerie, einer Arztpraxis oder aber an den Ma-
lerpinseln niederlegten, um wieder die Fußballschuhe zu schnüren und sich mit einer ›recht originellen‹
Mannschaft zu messen, wie es in den Lokalnachrichten
der Zeitung *Il Messaggero* am 11. September 1975 hieß.«[83]
Zu Pasolinis Mannschaft zählten neben dem allzeit prä-
senten Ninetto Davoli auch Musiker und Schauspieler
wie Gino Santercole, Marcello Verziera, Franco Bracar-
di und Maurizio Merli. Das Spiel endete, in einem alles
andere als überfüllten Stadion, mit 4:2 zugunsten der
Kicker des Ortes. Im Anschluss an den Wettkampf überreichte man Pasolini eine Anthologie örtlicher Mund-
artdichtung.

Wie man sieht, lässt sich bereits schwer nachvollziehen, welches Pasolinis letzter Auftritt mit der offiziellen Mannschaft war. Doch die Recherche zu seiner letzten »kleinen Partie« unter Freunden hätte sich im Vergleich sicher noch um einiges verzwickter gestaltet, enthielte Franco Cittis Autobiografie nicht einen Hinweis darauf:

»So war er eben. Für den Fußball und seine Freunde hätte Pasolini alles Erdenkliche getan, nichts konnte ihn da stoppen. Und so geschah es auch bei diesem, seinem letzten Mal, als er sofort mit dem Flieger aus Stockholm kam, weil wir ein Spiel in Anzio organisiert hatten. ›Lassen wir es gut sein, wir schaffen das nicht mehr‹, hatte ich zu ihm gesagt. Aber er wollte weiterspielen. Er wollte, dass wir noch weitere Spiele auf die Beine stellten. Zwei Tage später war er tot (an Allerseelen). Da wurde mir klar, dass der beste Teil meines Lebens vorbei war und man mit seinem Tod auch den meinen eingeläutet hatte.«[84]

Auch bei Pasolinis Tod ist der Fußball gegenwärtig. Am Idroscalo in Ostia, dem Ort seiner brutalen Ermordung, hatte er schon einige Male gespielt, und dort kickten, wie Oriana Fallaci schreibt, am darauffolgenden Tag die Kinder rund um seine noch am Boden liegende Leiche.[85]

Am 5. November 1975, dem Tag seines Begräbnisses, schwang auch bei seiner Aufbahrung in der Casa delle Culture, einem Vereinshaus in der Via Arenula in Rom, eine Fußballerinnerung mit. Ninetto Davoli, Franco Citti, Bernardo Bertolucci und Ettore Garofolo schulterten seinen Sarg, trugen ihn aus dem Haus und steu-

erten ihn durch die Menschenmenge, die auf den Straßen zusammengeströmt war. Irgendjemand (vielleicht
Sergio Citti) hatte ein Fußballtrikot darüber ausgebreitet. Das der *Nazionale dello spettacolo*: Pier Paolo Pasolini,
Nummer 11.

DER ERZÄHLER

Das Fußballspiel im Herzen der Borgata /
zwischen den Feldern, die, neben der Sonne
und der ein oder anderen / Schwester-
oder Muttergestalt, mit den Wollwesten
der Arbeitstage, / dem neuen Frühling
nichts zu bieten haben ...[86]

Fußball in der Vorstadt

Während das Fußballspielen in Pasolinis Alltag zur festen Gewohnheit wird, bleibt es in seinen intellektuellen Aktivitäten eher ein Randthema. So gern er auch kickt – unbeschwert und selbstverständlich – und im Höllenspektakel des Stadions mitfiebert, in seinen Werken räumt er dem Fußball nie eine zentrale Stellung ein: Es handelt sich schlicht und einfach um ein natürliches Element der vorstädtischen Umgebung, in der er sich so häufig bewegt. In seinem dichterischen Werk wiederum kommt diese Thematik so gut wie gar nicht vor, und ebenso wenig in seinen Filmen.

In den Romanen *Ragazzi di vita* und *Vita violenta* hingegen wird häufiger gekickt, was ganz einfach daran liegt, dass auch die echten Vorstadtjungen in ihrem Alltag sehr viel Fußball spielten. Die *partitella*, die Amateurpartie, kehrt in Pasolinis Beschreibungen des städtischen Mikrokosmos beständig wieder, genauso wie die Baracken und Fabrikschlote. Gleichzeitig bedient sich der Schriftsteller des Ballsports, um Dialoge und Vorkommnisse in einen Kontext einzubetten, Alltagsszenen zu erzählen und typisch römische Dialektausdrücke einzubauen. Überdies handelt es sich dabei um ein stark autobiografisch geprägtes Bindeglied, das seine eigenen Partien während der Streifzüge über die improvisierten Fußballplätze der römischen Vorstadt heraufbeschwört.

In den beiden Romanen über die Borgate ist das Kicken, wie Valerio Piccioni anmerkt, nie als Wettkampf samt Gewinnern und Verlierern zu verstehen.[87] Im Gegenteil gibt es hier keine genauen Angaben zu Raum und Zeit, die Fußballszenen bewegen sich außerhalb dieser Koordinaten: Sie haben weder Anfang noch Ende und sind nicht von den Linien eines Spielfelds begrenzt, der Ball rollt über verunstaltete, von Abfall und Unkraut bedeckte Flächen aus verdorrter Erde. Die Episoden, die Pasolini uns hier mit wohlwollendem Blick vor Augen führt, haben nicht das Geringste mit Sportreportagen zu tun; sie tragen vielmehr epische Züge, handeln von Herausforderungen, Duellen, Provokationen, Schmähungen und Prügeleien zwischen den Hauptfiguren. Auch in seinem letzten, unvollendeten Roman *Petrolio* beschwört Pasolini den Ballsport auf derlei Weise herauf, was bezeugt, wie untrennbar dieser für ihn mit dem Straßenleben verbunden war:

»Auf der Seite mit den Wohnhäusern und ihren kleinen Gärten biegt er in eine verhältnismäßig breite Straße ein (eine Straßenseite grenzt an Baustellen, zwischen denen Jungen Fußball spielen: auf dem Kopf haben sie rote Mützen wie ›Marines‹). [...] Die Fußball spielenden Jungen gebrauchen andauernd Kraftausdrücke von geradezu beklemmender Gewalttätigkeit: doch hin und wieder kommt aus einem lachenden, zarten Mund auch etwas Witziges, schnell wie ein Pfeil.«[88]

Beim Fußballspiel der *ragazzi di vita* handelt es sich also um einen Sport fernab der Stadien, der Trainingsplätze, der Ligen und der journalistischen Berichterstattung. Das Spiel, dem Pasolinis Leidenschaft als Erzähler gilt, besteht vielmehr aus Körpern, Gerenne, Schüssen, Staub und Schweiß: völlig egal, ob der Ball schlaff ist und die Spieler sich inmitten von Unrat bewegen, denn im Kern handelt es sich hier um eine Art von universeller Sprache, die es ermöglicht, mit den Füßen und einem Ball zu kommunizieren.

Auch in der Erzählung *Domenica al Collina Volpi* (Sonntag auf dem Volpi-Hügel) – entstanden vor den beiden Vorstadt-Romanen und im Januar 1951 in der Zeitung *Popolo di Roma* erschienen – spielt der Fußball eine Rolle; zusammen mit anderen Texten über Rom wurde sie in die Anthologie *Storie della città di Dio* (Geschichten aus der Stadt Gottes) aufgenommen. Pasolini erzählt hier von einem Tag im Leben einer Amateurmannschaft aus dem Monteverde-Viertel, die – vermutlich im Rahmen einer Jugendmeisterschaft – für ein Auswärtsspiel zum Platz auf der Collina Volpi aufbricht, einem Hügel im Viertel San Paolo zwischen der Via Ostiense und der Via Cristoforo Colombo. Anders als es in *Ragazzi di vita* und *Vita violenta* der Fall gewesen wäre, beschreibt der Text ein ganzes Spiel, nennt Tore, Gewinner und Verlierer und analysiert die Niederlage der Jungen aus Monteverde auch mit einigen Hinweisen taktischer Natur. Der Erzählfluss wird immer wieder unterbrochen durch die Unterhaltungen der Reservespieler und die Beschreibung der Lage des Spielfelds oben auf dem Hügel. Von dort aus sieht man »die Stadtviertel und die Baustellen mit den Pinienbüscheln« und »das sonnenversengte San-Paolo-Viertel«. In diesem Fall ist das Fußballturnier also auch ein erzählerisches Mittel, das Raum für zwei Aspekte schafft, die Pasolini vor allem in seinen ersten Jahren in Rom besonders faszinierten: die Topografie der Vorstädte und die Entdeckung des römischen Dialekts.

Es gibt eine weitere literarische Arbeit, in der das Fußballspiel eine tragende Rolle innehat: das Langgedicht *Pietro II* (Petrus II.) aus der Sammlung *Poesia in forma di rosa* (Gedicht in Form einer Rose[89]) – dies ist das einzige Mal, dass Pasolini den Ballsport zum zentralen Motiv seiner Lyrik erhebt.

Es handelt sich um eine Art Tagebuch der Gefühle, aufgezeichnet während des Prozesses wegen Verunglimpfung der Staatsreligion, mit dem sich der Regisseur 1963 nach dem Kinostart von *La ricotta* (Der Weichkäse) konfrontiert sah. Er imaginiert sich hier als einen zweiten Petrus, versetzt sich in die Rolle des Apostels und ersten Papstes, der dann als Märtyrer starb. Unter dem Datum des 6. März, der Tag vor dem Urteil, das ihn in erster Instanz schuldig sprechen sollte, beschreibt er eine Wallfahrt im Auto, durch die Viertel Monteverde, Portuense und schließlich Trullo, wo er von Jungen in ein Fußballspiel verwickelt wird. Ihre Aufforderung ist in einen unwiderstehlichen Elfsilbler gefasst: »*Fèrmete, a Pa', dà du' carci co' noi!*«[90] – »Bleib da, Pa', kick doch mit uns!« Doch während des Spiels nehmen »Giorgio, Giannetto, Carlo, der Moro / und die anderen faulen Fünfundzwanzigjährigen / die Schläfen schon ein wenig schütter, ein paar Jährchen im Knast«, in einer nahezu magischen Verwandlung die Züge von zeitgenössischen Intellektuellen an. Die Vorstadt, angefangen mit dem sonnenbeschienenen kleinen Spielfeld, füllt sich mit Pasolinis Bekannten: »Giorgio ähnelt Carlo

Levi, wenn er läuft, / Götterliebling, macht er einen Fallrückzieher«, »lehnen sich an die honigfarbenen Ge-
fängnismauern / ihrer Häuser; Benedetti, Debenedetti,
Nenni, / Bertolucci, das Gesicht ein wenig weiß von
der Sonne«. Die Flucht in die Peripherie, der Kontakt
mit den Menschen, die Freiheit des Fußballspiels ermöglichen dem Dichter eine flüchtige Atempause, einen sorglosen Augenblick, bevor er zu den Qualen seines intellektuellen Martyriums zurückkehrt: »Wer hat
behauptet, der Trullo sei ein heruntergekommener Vor-
ort? / Die Schreie des friedlichen Fußballspiels, der
lautlose Frühling, / ist das nicht das wahre Italien, dem
Dunkel entstiegen?«

Körper im Singular, Körper im Plural

Wenn Pasolini über Fußball schreibt, gibt es da einen
roten Faden, und zwar die Bedeutung, die er den körperlichen und ästhetischen Seiten des Spiels beimisst.
In *Ragazzi di vita* und *Vita violenta* ist der Fußball im
Wesentlichen ein Spiel der Körper, und auch wenn er
selbst spielt, legt Pasolini großes Augenmerk auf das
Körperliche, beginnend mit seiner eigenen Erscheinung.
Viele Zeitzeugen erinnern sich an die Sorgfalt, mit der
er sich für seinen sportlichen Einsatz rüstete, vor allem vor den Spielen mit der *Nazionale dello spettacolo*.
Mario Valdemarin berichtet, dass es sich »für ihn um
einen Ritus handelte, auf den er sich schon in der Umkleide vorbereitete. Viel Wert, bis ins Detail, legte er auf

die Kleidung, die Fußballschuhe; vor dem Spiel unterzog er sich einer Massage, um auf dem Platz so leistungsfähig wie möglich zu sein«.[91]

Die Muskeln sprechen lassen.
Foto: Vittoriano Rastelli © gettyimages

Im bigotten und moralinsauren Italien jener Jahre war Pasolinis Körper ein Manifest, eine politische Geste, ein Katalysator der Aufmerksamkeit. Und dessen war er sich voll und ganz bewusst. Er konnte sich die Kommentare des Publikums in den Rängen vorstellen, und die Boshaftigkeit, mit der die Zeitungen über seinen Auftritt schreiben würden, doch er versteckte sich nicht; Valdemarin erinnert sich im Gegenteil daran, dass »es ihm gefiel, wenn man ihn fotografierte. Er hatte den legitimen Wunsch, sich auf Fotos zu zeigen. Er nahm immer die vorteilhaftesten Posen ein, um auf den Bildern gut auszusehen«[92].

Die Aufmerksamkeit, die er dem eigenen Körper und den Körpern der anderen schenkte, seine die Physis fokussierende Beschreibung der Spiele, sein Wunsch, sich zu zeigen und Aufsehen zu erregen, all das sind Hinweise, die bestätigen, dass Pasolini den Fußball auch als Demonstration und Ausdruck von Erotik empfand. Keine voyeuristische Schlüsselloch-Erotik, sondern ein unschuldiges, kindliches Gefühl, fast als suchte er sein eigenes Kinder-Ich in den anderen, in der Spontaneität und Freiheit des Spiels. Einen Interpretationsansatz liefert er selbst in einigen frühen Schriften, so zum Beispiel im Tagebuch *Quaderni rossi* (Rote Hefte), in dem er erzählt, was er empfindet, als er den Kindern beim Spielen im Park zusieht:

»Damals in Belluno war ich knapp drei Jahre alt. Was mich an den Jungen, die im öffentlichen Park gegenüber meinem Zuhause spielten, besonders beeindruckte, waren ihre Beine, vor allem die gewölbte Kniekehle, in der sich, wenn sie beim Rennen gebeugt wird, alle Muskeln anspannen, in einer eleganten, wilden Bewegung. In diesen hervorschnellenden Sehnen sah ich ein Sinnbild des Lebens, zu dem ich erst noch hingelangen sollte: Sie verkörperten in dieser Bewegung des rennenden

Jungen für mich das Erwachsensein. Heute weiß ich, dass dies eine Empfindung von heftiger Sinnlichkeit war. Wenn ich es nachempfinde, verspüre ich in den Eingeweiden genau jene Zärtlichkeit, die Qual und die Wildheit des Begehrens. Da war das Gefühl des Unerreichbaren, des Fleischlichen, ein Gefühl, für das noch kein Name gefunden war. Ich erfand damals einen: nämlich ›teta veleta‹. Schon als ich zusah, wie jene Beine im Eifer des Spiels gebeugt wurden, sagte ich mir, dass ich ›teta veleta‹ empfand, etwas wie einen Kitzel, eine Verlockung, eine Demütigung.«[93]

Das Fußballspiel und Pasolinis Homosexualität werden auch in *Atti impuri* (Unkeusche Handlungen), einer anderen Sammlung autobiografischer Schriften, miteinander verknüpft, hier auf explizitere Weise. Pasolini erzählt davon, wie er als Zwanzigjähriger in seinen Schüler Nisiuti, einen Bauernsohn, verliebt war:

»Die langen Wettkämpfe fanden vor allem im Frühling statt, nach der Unterbrechung im Januar und einem Teil des Februars, und Nisiuti wuchs schon heran; erste Veränderungen vollzogen sich an ihm, und sie verwandelten seinen Körper mit Korrekturen, die Nuancen schienen, aber schließlich wesentlich wurden. [...] Stürmisch und fröhlich wie immer spielte ich Fußball, aber innerlich war ich ganz ausgebrannt und mir blutete das Herz. Auch da jedoch konnte ich nicht anders, als Nisiuti alle Augenblicke zu betrachten oder an mich zu drücken; als sich eine Pause im Spiel ergab (es war schon fast Nacht, der indigoblaue Himmel erglühte über den Bergen), setzten wir uns ins kalte Gras. Nisiuti keuchte, lau; ich setzte mich zu ihm und umarmte ihn.«[94]

Pasolini spielte jedoch nicht nur deswegen so leidenschaftlich und ausdauernd Fußball, weil ihn die erotische Komponente anzog – eine solche Annahme wäre vollkommen irrig. Seine Liebe zum Fußball war von unkomplizierter Natur und ein erotischer Aspekt allenfalls darin zu finden, dass die Körper im Spiel eine besondere Freiheit des Ausdrucks erlangen, wie es auch Dacia Maraini erläutert: »Natürlich war das Fußballspiel für ihn auch erotisch. Es war ein symbolisches Liebesspiel mit diesen Jungen, die einen Zauber auf ihn ausübten. Aber ich möchte hier unterstreichen, dass ihm alles Brutale oder Aggressive vollkommen fremd war. Das Spiel bestand aus Regeln – die er gewissenhaft befolgte –, aus Respekt für den Gegner und aus Freude an der Bewegung.«[95]

Der Fußball der »Unverdorbenen«

Pasolinis Suche nach Unverdorbenheit und Reinheit, wie er sie in den römischen Borgate der Nachkriegszeit entdeckt hatte, führte ihn schließlich auch an andere Orte, in andere Länder. Das Wirtschaftswunder, die sich Bahn brechende Konsumgesellschaft und der Siegeszug des Fernsehens, das in alle Haushalte vordrang, verunreinigten im Laufe der Sechzigerjahre auch seine Vorstädte, jene Freizonen, in denen sich ihm die Menschheit in all ihrer ehrlichen Rohheit und Armut gezeigt hatte. Pasolini richtete seinen Blick nun auf andere Weltgegenden. In der ersten Hälfte des Jahrzehnts unternahm er Reisen durch Indien und Nordafrika. 1963 schrieb er das Drehbuch zu einem Film, *Il padre selvaggio* (Der wilde Vater), der am Ende doch nicht zustande kam. Es ist die Geschichte eines hochtalentierten Lehrers, der von Europa nach Schwarzafrika geht und dort versucht, seine Schüler auf einen Weg der Selbstbewusstwerdung und Befreiung vom Erbe des wirtschaftlichen und kulturellen Kolonialismus zu führen. Ein Lehrer, der seine Mission weniger darin sieht, Inhalte weiterzugeben, als vielmehr eine kritische, unabhängige Art des Denkens zu vermitteln: Die autobiografischen Bezüge zu Pasolinis Zeit als Lehrer, ob im Friaul oder in Ciampino, liegen auf der Hand. Das Drehbuch beginnt mit einem Stück Straßenfußball:

»Straße der Schule in Kado. Außenbereich bei Tag. Der Lehrer überquert einen offenen Platz mit Hütten, mit Mahagonibäumen und erreicht die Schule. Es ist sein erster Tag. Nervosität, eine innere Stimme spricht etc. Lautes Rufen: ›Bruder, Bruder!‹ Das sind die Jungen, die auf einer schmutzigrosa Fläche vor den Schulbaracken Fußball spielen. Der Lehrer bleibt stehen und lauscht ihnen, die so plump kicken wie Bauern und mit ihren ›Bruder, Bruder!‹-Rufen um den Ball buhlen.«[96]

Doch der Fußball der unverdorbenen Menschheit ist auch noch in Italien zu finden: und zwar in Neapel, jener Stadt, die sich, so scheint ihm, der gesellschaftlichen und kulturellen Verunreinigung durch den »Fortschritt« tatsächlich zu widersetzen weiß. 1975 verfasst er für die Tageszeitung *Il Mondo* ein Gespräch mit einem fiktiven Jungen aus Neapel, den er Gennariello nennt.

»Ich hätte auch nichts dagegen, wenn du ein kleiner Sportler wärst mit flachen Hüften und strammen Beinen (wobei du mir als Fußballspieler am liebsten wärst, weil wir dann ab und zu zusammen kicken könnten). Aber all das, was deinen Körper betrifft – damit da ja kein Missverständnis entsteht –, verbindet sich in deinem Falle mit keinerlei praktischen und persönlichen Absichten: Es ist ein rein ästhetischer Wunsch, ein Detail, das mir alles leichter macht.«[97]

Spätestens in den Siebzigern war Pasolinis Rom der Borgate im Verschwinden begriffen. Oder besser gesagt, die Peripherie bestand fort, aber ihre Bewohner veränderten sich. Ein unumkehrbarer Verwandlungsprozess hatte das städtische Proletariat in ganz Italien und so auch in Rom erfasst. Hieraus erwuchs Pasolinis neues Interesse an Neapel, an Afrika: literarische Entscheidungen, die auch zu Lebensentscheidungen hätten werden können. So berichtet Ninetto Davoli in einem Interview aus dem Jahr 2007: »Pier Paolo und ich sagten das immer zueinander: Lass uns nach Marokko fahren. Da gibt es so gewisse Orte … dort findet man noch das echte Leben. Eines Tages wären wir hingefahren. Wenn Paolo noch leben würde, dann wäre er dort.«[98]

Die *Reportage über den Gott*

Doch Pasolini schrieb nicht nur über den unverdorbenen Fußball der Straßenjungen. Als scharfzüngiger Analytiker der Gesellschaftsstrukturen im Nachkriegsitalien wusste er, und gab dies ohne Umschweife zu, dass sich im Fußball auch die Mängel des Wirtschaftswunderlandes spiegelten, die Nachlässigkeit der Massen, die sich dem Konsum öffneten und von denen er sich verraten fühlte. *Reportage sul Dio* (Reportage über den Gott), so lautet der Titel einer Erzählung, die am 14. Juli 1963 in *Il Giorno* erschienen ist: Darin erteilt der Erzähler einem anspruchslosen Journalisten den Auftrag, darüber zu schreiben, wie ein Fußballspieler die ersten Stufen auf der Karriereleiter erklimmt. Die Parabel um den Champion wird ohne jedes Mitgefühl skizziert, und auch der beauftragte Journalist ist gehalten, ohne jedes Mitgefühl davon zu berichten. »Eine derartige Idee verlangt an erster Stelle Unredlichkeit, außerdem Konformismus, der, wie es immer geschieht, als moralische Aufregung über einen Skandal daherkommt, und schlussendlich Grausamkeit. Das Opfer dieser Grausamkeit wird eben der arme Gott sein.«[99] Die Handlung wird bis ins kleinste Detail ausgebreitet, und das nicht ohne Zurschaustellung der Fußballkenntnisse des Autors: Am Anfang steht die Ankunft von Juanito, Fußball-Gott aus einem Dritte-Welt-Land, dann folgen dessen schneller Aufstieg in die Highsociety und schließlich der Ruin, den er in der Metropole erleidet. Im Laufe des Geschehens wendet sich der Erzähler immer wieder an den Journalisten: »Da ist er also, der Gott – und du hinter ihm her, wie man eine ›außergewöhnliche Persönlichkeit‹, einen ›Faxenmacher‹, einen ›unglaublichen‹ Typen verfolgt, aber mit allerhöchstem Respekt, den sein Erfolg dir schließlich abverlangt – da hebt der Gott also den Stein an, entdeckt das graue Gewimmel der Würmer und begibt sich dort hinein. [...] Er wird über viele dieser kleinen Leichen gehen, wie auf einem Friedhof aus Plastik, aus Neon, in der Zerstreuung der tausend sich zufällig darbietenden Gelegenheiten des Nachtlebens von Mailand oder Rom: ein riesiger Wartesaal, in den von fern beißender Latrinengestank dringt.«

Doch es sind nicht die Boulevardaspekte, die den Erzähler interessieren: »Ich würde mich weder lange mit dem Liebesleben des Stars aufhalten noch mit seinem Verhältnis zu den normalen Fans, den Millionen von Fußballtoto-Spielern. Was ich mir gerne genauer ansehen würde, während wir unserem Juanito auf den Fersen sind, das sind die Einblicke in diese italienische Industrie. [...] Nehmen wir mal an, Juanito hat 50 oder 100 Millionen gekostet. Wer hat das bezahlt? Der Verein, Inter, AC Milan, AS Roma? Welche Verbindung besteht zwischen dem Verein und seinem Präsidenten? In wessen Händen häufen sich die riesigen Gewinne mit der sonntäglichen Fußball-Leidenschaft?«

Und in einem späteren Satz unterstreicht er, wie weit er sich von der Welt des Fußballs entfernt hat, die damals bereits rasante Fahrt in Richtung Megabusiness aufnahm: »Was das angeht, bin ich bei meinem Idealismus aus Gymnasialzeiten stehengeblieben, als Fußballspielen noch die schönste Sache der Welt war.«

Ebendiesen »realen«, wenig transparenten und bereits sehr verkommenen Fußball, bei dem überaus obskure Figuren und Geschäftslobbys die Strippen ziehen, rückt Pasolini in den Mittelpunkt seiner Geschichte, mit einem genau umrissenen Ziel: die Widersprüche des damaligen Italiens mittels einer kruden Erzählung über den sozialen Aufstieg eines Fußballers zu beschreiben, wie es derer viele gab: »Sieh mal einer an, was geschehen kann, wenn man die kleine Geschichte eines leuchtenden Kometen verfolgt, der bald wieder im Kontinent seiner Kindheit verschwinden wird! Ein Riss tut sich auf im Fundament des italienischen Neokapitalismus, und ein blasphemischer Blick fällt auf seine inneren Schichtungen.« Und zum Abschluss wird diese Absicht bekräftigt: »Ich würde es dabei bewenden lassen. Ich würde nicht die Vergänglichkeit des Ruhms ins Spiel bringen, Juanito soll ruhig dort oben auf dem Gipfel bleiben. Der Liebe der Göttin, der Freundschaft des Präsidentensohns teilhaftig. In der Illusion, dass ihm all das auch zusteht, dass es von Dauer ist. An einem Wintersonntag, im strahlenden Glanz des Sportlerglücks nach einem ihm zu verdankenden Sieg: Ganz Italien, die Fans, der Neokapitalismus, der Eros liegen ihm zu Füßen.«

DER SPORTREPORTER

In der Ferne leuchten die Lichter von Rom, der Olympia-Stadt. Nein, die Menschen in der Borgata schlafen nicht: Von der Metropole abgeschnitten, verkriechen sie sich in ihren kleinen Behausungen wie in einem Bau. Sobald sie uns bemerken, kommen sie nach und nach zum Vorschein, versammeln sich draußen, eine kleine Schar: Fast alle sind sie jung, und als sie Kapitonow erkennen, umringen sie ihn freudig, elegante Gaunerlumpen am Leib. Ach, wie viel es zu sagen gäbe ...«[100]

Das Schauspiel auf den Rängen

Pasolini experimentierte mit einer unglaublichen Vielfalt an kulturellen Formen, Genres und Sprachen. Nicht ohne Grund bezeichnete Tullio De Mauro ihn als den »ersten Künstler von Weltrang, der als ›multimedial‹ gelten kann«.[101] Aufgrund dieser ihm eigenen Neigung, immer neue Ausdrucksformen auszuprobieren, setzte er sich auch mit einem Genre auseinander, das ihn, bedenkt man sein journalistisches Engagement und seine Leidenschaft für den Sport, wie selbstverständlich anziehen musste.

Im Laufe seines Lebens bot sich ihm mehrmals die Gelegenheit, Sportereignisse in der Presse oder im Fernsehen zu kommentieren, durch Interviews oder von ihm persönlich betreute Kolumnen. Nur zwei Mal jedoch trat er als richtiger Sportreporter in Erscheinung und berichtete der Leserschaft von den Veranstaltungen, denen er beigewohnt hatte. So entstand 1957 eine herausragende Reportage über ein Spiel im Olympiastadion in Rom für die Zeitung *L'Unità*, und als dann 1960 die Olympiade in der italienischen Hauptstadt ausgetragen wurde, folgten vier berühmtgewordene Beiträge in *Vie Nuove*.

Die erste Gelegenheit bot sich anlässlich des Derbys Roma–Lazio am 28. Oktober 1957, das der AS Roma mit 3:0 gewinnen sollte. Pasolini besuchte das Stadion zusammen mit seinem Freund Sergio Citti, seinem Gewährsmann in Sachen römische Tradition und Eigenheiten. *L'Unità* hatte angekündigt, außergewöhnliche Berichterstatter würden das Spiel verfolgen, Anhänger beider Lager, unter denen sich auch der Schauspieler und Regisseur Alberto Sordi[102] befand. Im Unterschied zu »Albertone« – dem »großen Alberto«, so Sordis Spitzname –, der schon seit den Zeiten von Campo Testaccio[103] ein Fan der Gelb-Roten war, nahm Pasolini als mehr oder weniger neutraler Beobachter teil und der Ausgang des Spiels interessierte ihn nicht sonderlich: Obwohl der Sturm des AS Roma in der zweiten Halbzeit großartig spielte, empfand er den Wettkampf als langweilig und fertigte die Leistung beider Mannschaften in wenigen Zeilen ab. Im Übrigen hatte *L'Unità* die Berichterstattung über dieses Derby wohl in die Hände von besonderen Reportern gelegt, weil man sich eine entsprechend ungewöhnliche Wiedergabe erwartete. Und die Redaktion wurde nicht enttäuscht: Pasolini war weniger vom Spiel als von den Gesichtern angezogen, von den Farben, den Worten, Sprachfetzen, Ausrufen der Fans. Sein Artikel lässt Arbeiter und Bürgerliche, leidenschaftliche und ernüchterte Fans, Alteingesessene und Zugewandte Revue passieren: Herausgekommen ist ein kleiner sozialanthropologischer Essay über die Fußballfans der Fünfzigerjahre.

Pasolini beschreibt hier eine Art von Fußballfan, den er nur schwer erträgt und als »neapolitanischen« – wenngleich in ganz Italien auftretenden – Typus bezeichnet. Es ist dies ein vollkommen irrationaler Fan, so geblendet von der Mannschaft seines Herzens, dass er auf niemanden hört, ja selbst die augenfälligsten Tatsachen leugnet: »Der Glückliche, eine Art von Gnade erleuchtet ihn. Argumente können hier nichts ausrichten, geschweige denn die sonntäglich wiederkehrenden Beweise und Erlebnisse, die das echte Spiel bereithält. Ein Teil seines Gehirns (der wichtigste) hat sich vom Rest gelöst und ist unter dem Einfluss jener verführerischen Erleuchtung nur zu einem einzigen, feststehenden, unabänderlichen Gedanken fähig.« Seine Loslösung von der realen Welt und den Ansichten der anderen, seine völlige Unbeweglichkeit und sein kauziges Verhalten enden in einer Blamage: »Ich habe Mitleid, wenn ich die Fans sehe, wie gesagt mit Masken, Esel-Maskottchen etc.«[104]

Es bleibt festzuhalten, dass dieser Typus von Fan in Rom selten auftritt, zumindest, was die unteren Schichten anbelangt: »Rom ist wirklich eine große Stadt: Die Identifikation des Fans mit seiner Mannschaft dient hier nicht dazu, engstirnige, provinzielle und spießbürgerliche Empfindungen zu sublimieren. Außerdem, der Römer verfügt immer über ein gewisses Maß an Skepsis und Distanz, und das bewahrt ihn davor, sich lächerlich zu machen. Er verherrlicht seine Mannschaft nicht wegen irgendwelcher städtischer Berühmtheiten, sportlicher Leistungen oder anderer langweiliger Dinge dieser Art: Er verherrlicht seine eigene ›Gewitztheit‹. [...] Was dem Römer bei der Niederlage oder beim Sieg seiner Mannschaft den größten Kummer beziehungsweise die größte Freude bereitet, ist der Gedanke an die Gespräche, die ihn in der Bar oder beim Barbier erwarten. Gewiss doch! Kann ein ›Gewitzter‹, ein Schlaumeier denn verlieren? Und wenn er gewinnt, wie könnte er dann die Verlierer nicht mit – großmütiger – Ironie bedenken?« All das gilt allerdings nur für die Proletarier unter den Fans, während bei den Bürgerlichen »die Provinz wieder zum Vorschein kommt«. Pasolinis größte Sympathie gilt jedoch den Zugewanderten, den ehemaligen Bauern, die in Baracken am Rande der Metropole, in den neuen Vorstadtsiedlungen hausen: »Ihre Liebe zum AS Roma geht zu Herzen. Es ist eine verzweifelte Liebe, die kaum von Geschrei begleitet wird: Sie schlucken den Kummer hinunter und zehren im Stillen von ihrer Freude. Und sie vergessen nicht so leicht.«[105] Zum Abschluss berichtet Pasolini noch davon, wie er das Stadion verlässt und »Mozzone« auf den Plan tritt: So wird Sergio Citti in Tor Pignattara genannt. Vor dem Spiel hatte er Pasolini noch gewarnt: »He Pa', dass du es ja nicht wagst, schlecht über den AS Roma zu schreiben!« Und vor den Toren des Stadions liefert er dann die Inspiration für die Schlagzeile: »Schreib doch, dass die Leiche noch gestunken hat, als wir aus dem Stadion raus sind. Und sie wird noch die ganze Woche lang stinken!« Des Rätsels Lösung liefert das Foto in der Mitte des Artikels: Ein kleiner Trauerzug aus Fans des AS Roma trägt einen Sarg mit der Aufschrift »Hier ruht der Lazio«.[106]

Pasolini ging recht regelmäßig ins Olympiastadion. Ihm gefiel es, die Spiele zu verfolgen, zu beobachten, wie die Menschen mitfiebern, frohlocken, verzweifeln. »Nichts kommt einem vollen Stadion gleich: Selbst die Unmengen von Kinobesuchern, die sich über tausend größere und kleinere Säle verteilen, sind nichts im Vergleich zu dieser lebendigen, brüllenden und irgendwann anrührenden Masse von Zuschauern«, schrieb er 1969.[107]

Er setzte sich nicht auf die Pressetribüne, sondern ließ sich lieber von Citti mitten unter die Fans des AS Roma führen. Zu seinem anthropologischen Interesse an den Volksmassen gehörte natürlich auch, ihre Sprache zu belauschen. Häufig hielt er Ausdrücke oder Flüche, die er in den Rängen aufgeschnappt hatte, in seinem Notizblock fest, ohne den er nie unterwegs war.

Seine Angewohnheit, mehr auf die Tribünen als auf den Platz zu achten, zeigte sich auch bei anderer Gelegenheit: etwa 1973 bei einem Wettkampf im eritreischen Asmara, wohin er für die Dreharbeiten für *Il Fiore di Mille e una Notte* (Erotische Geschichten aus 1001 Nacht) gereist war. Obwohl es sich um ein Spiel im Rahmen einer Nationalmeisterschaft handelte, ließ das Niveau deutlich zu wünschen übrig: »Aber für jemanden wie mich, der ganz verliebt in die Eritreer war, wurde das wahre Schauspiel vom Publikum geboten: ein freundliches, gesittetes Publikum, nicht ohne Humor, jedoch mit einigen Ausbrüchen von wortwörtlich unbändiger Gewalt an den Eingängen; die Jugendlichen, die dafür verantwortlich waren, wurden darauf mit ebenso unbändiger Gewalt von Polizisten niedergeknüppelt.«[108] Mehr als zehn Jahre nach Pasolinis Tod kam Sergio Citti mit einer Kamera ins Olympiastadion, als der AS Roma gegen Sampdoria Genova spielte: Und auch er achtete eher auf die Ränge als auf den Platz. Herauskam der Kurzfilm *La partita* (Das Spiel). Die Aufnahmen setzen schon außerhalb des Stadions ein und zeigen, wie Scharen aufgeregter Fans auf die Eingänge zusteuern und von der Polizei zur Kontrolle an den Drehkreuzen aufgehalten werden. Citti macht viele Nahaufnahmen, ergründet Gesichter, Mimik, Bewegungen. Die Kamera ist dabei, wenn die Fans ins Stadion hineindrängen, dann taucht sie ins Rund der Ränge, konzentriert sich auf die Anhänger des AS Roma: von den herumfuchtelnden und Trommeln schlagenden Fans in der Kurve bis zu denen gesitteteren, aufmerksameren Zuschauern auf den Tribünen.

Zum Abschluss zeigt der Kurzfilm eine Gesichterparade: eine Abfolge stummer Nahaufnahmen von AS-Roma-Fans, die gerade den Wettkampf verfolgen. Wie für Pasolini ist das Fußballstadion auch für Citti eine Art »Observatorium«, ein privilegierter Beobachterposten, von dem aus die Menschheit, hier in Gestalt der Fußballfans, zu studieren ist.

Die Olympischen Spiele 1960

Drei Jahre nach besagtem Artikel für *L'Unità* bot sich Pasolini erneut die Gelegenheit, als Reporter aus dem Olympiastadion zu berichten, diesmal jedoch über ein ganz anderes Ereignis als das Derby, über das er seinerzeit geschrieben hatte. Der neue Auftrag kam von *Vie Nuove*, einer Wochenzeitung kommunistischer Couleur, die auch unpolitischen Sparten wie Sport oder Gesellschaftsleben einen Platz einräumte. Von 1960 bis 1965 betreute Pasolini darin eine Kolumne, in der er mit der Leserschaft in Dialog trat. Die interessantesten Beiträge wurden später in einem Band mit dem Titel *Le belle bandiere* (Die schönen Flaggen) versammelt.[109]

Und 1960 schrieb Pasolini für ebendiese *Vie nuove* vier Artikel über die Olympischen Sommerspiele in Rom. Der Vorschlag kam von der Chefredakteurin, Maria Antonietta Macciocchi, die nicht schlecht staunte, mit welcher Begeisterung Pasolini zusagte. Am 30. Juli erschien der erste Beitrag als Vorbereitung auf das große Sportereignis, das Ende August eröffnet werden sollte. Der kurze Text resümiert die erwartungsvolle Atmosphäre, die damals in Rom herrschte, und beschreibt, ähnlich wie bei der Reportage über das Derby, das Verhalten der verschiedenen Gesellschaftsschichten der Stadt:

»Die römische Bourgeoisie blickt der Olympiade mit großem Respekt entgegen, wie allen Dingen, die vom Fernsehen wohlwollend aufgegriffen werden und gegen die nichts einzuwenden ist, die ein wenig Berichterstattung bieten, ein paar Legenden, etwas Ruhmesglanz etc. Eine kleine Minderheit dieser Bourgeoisie erwartet die Spiele mit einem skeptischen Grinsen und ersinnt schon jetzt geistvolle Kommentare zu den damit verbundenen Störungen, den Unannehmlichkeiten, den verstopften Straßen usw. Die Arbeiter, die unteren Schichten, sehen dem Ereignis zur einen Hälfte neugierig entgegen – wie einem Volksfest, einem Fest zu Ehren des Stadtpatrons, das viele Gelegenheiten für Begegnungen und Abenteuer bietet, Durcheinander, Flaggen etc. – während die andere Hälfte ebenfalls eine zutiefst ironische und skeptische Haltung einnimmt: Als handelte es sich um eine Art von Jubeljahr außer der Reihe, mit dem Heerscharen von ortsunkundigen, schlecht gekleideten und unverständlich sprechenden Besuchern in Rom einfallen werden.«[110]

Im Anschluss unternimmt der Artikel eine zugleich ironische und materialistische Analyse, deren Augenmerk vornehmlich auf den Arbeitern und Dieben liegt – die einzigen, die hinsichtlich der Olympiade wirklich Konkretes im Sinn haben: die einen, weil sie in den vorangegangenen Monaten viel zu tun hatten, die anderen, weil sich ihnen in Kürze viel zu tun darbietet. Und zum Abschluss folgt ein Gedanke, der – sobald sich die Möglichkeit abzeichnet, dass Rom erneut die Olympischen Spiele ausrichten könnte – immer wieder an Aktualität gewinnt: »Doch wenn die Stadien, Radrennbahnen, Turnhallen einmal gebaut sind, was werden all die Bauarbeiter, die Handlanger dann bloß tun?«[111]

Im Pasolinis Beitrag mit dem Titel *Un mondo pieno di futuro* (Eine Welt voller Zukunft), in dem er von der Einweihungszeremonie berichtet (Ausgabe vom 3. September), ist sein Blick auf die Dinge weniger pessimistisch. Auch diesmal setzt er sich nicht auf die Pressetribüne, sondern mischt sich, wie ein »kleiner, verlorener Punkt im babylonischen Rund«, unter die ungewöhnliche Menschenmenge aus Ortsfremden, auf deren Andersartigkeit im Vergleich zum römischen Fußballpublikum er besonders eingeht. Das Defilee der Vertreter aus verschiedenen Nationen begeistert ihn. An den Delegationen der weniger einflussreichen und organisierten Länder amüsiert ihn der Mangel an Förmlichkeit: Die Athleten sind nicht in der Lage, den Marschschritt einzuhalten, die Funktionäre »schmerbäuchig und außer Atem«. Doch er sieht noch viel mehr in diesen chaotischen, ausgelassenen Mannschaften, sie versetzen ihn in jene Stimmung, die sich durch den Beitrag zieht:

»In dieser farbenfrohen Parade war die ganze Welt zugegen. Die Welt auf der soeben erreichten Stufe ihrer historischen Entwicklung: noch weißglühend, noch voll der unmittelbaren Zukunft: eine Welt, die so anders sein wird als diejenige, die wir inzwischen aus Gewohnheit als die unsrige betrachten: Weil die farbigen Menschen frei sind, die Flaggen ihrer Nationen flattern im Wind, weil für die ärmsten Staaten nun ein zivilisiertes Leben beginnt, weil die größten und reichsten Staaten, die USA, die UdSSR, an einem entscheidenden Wendepunkt ihrer Geschichte stehen, der sie zur Eroberung des Weltalls führen wird: und dazu, eine neue Ordnung für diese Erde zu finden.«[112]

Doch im Anschluss an diese Beschreibung der Parade übt er scharfe Kritik an der Eröffnungsliturgie mit der olympischen Hymne, den Artilleriesalven, dem Flug der Friedenstauben, den Glocken der Stadt, die gleichzeitig erklingen, der Fackel und dem olympischen Feuer: »Alles dekadenter und ästhetisierender Kram, Produkt des schlimmsten Neoklassizismus, der schlimmsten Romantik.« Von jenem Tag blieb ihm jedoch die angenehme Erinnerung an diese »jugendliche, bunte Vision der Welt«, die sich unter die Rhetorik und hohle Ästhetik der Eröffnungszeremonie gemischt hatte.

Der Volkssport

Pasolinis dritter Artikel über die Olympischen Spiele[113] berichtet von einem Treffen mit dem sowjetischen Radrennfahrer Viktor Kapitonow, der beim Straßenrennen Gold im Einzel gewonnen hatte. Pasolini führt Kapitonow und seinen Trainer zum Abendessen in ein Restaurant seines Vertrauens und unterhält sich dort mit ihnen – mittels eines Dolmetschers – über die Situation der Sportler in Russland. Die Geschichte des Champions beeindruckt ihn in ihrer Schlichtheit, ist sie doch tatsächlich ein typisches Beispiel für den Sport in der Sowjetunion, wenngleich er den Ansatz, mit Amateuren zu arbeiten, nicht gutheißt: »Eines der vielen Beispiele für den ästhetisierenden Idealismus, der diese Spiele prägt, ein Auswuchs des Geistes De Coubertins, der den Jugendstil liebte.« Was die Russen angeht, so schätzt er an ihnen jedoch ihre staatsbürgerliche Leidenschaft und die Inbrunst, mit der sie die Grundlagen ihrer Organisation verteidigen: »Wie schön es ist, sie so bewegt zu sehen, so engagiert, so unverdorben, wenn sie einen Bestandteil ihres Gemeinwesens verteidigen! Ich beobachte sie: Mir gefällt ihre Art zu argumentieren, diese feurige Dialektik.«

Nach dem Essen bittet der Trainer Pasolini um eine Stadtführung und ahnt nicht, dass er hier einen sehr speziellen Cicerone vor sich hat, der sie gewiss nicht auf eine klassische Tour zu den Sehenswürdigkeiten mitnehmen wird. »Wir steigen ins Auto: Instinktiv fahre ich in Richtung Peripherie, und schließlich erreichen wir die Borgata Gordiani.« Die Russen fragen sich gewiss, wieso die Straßen wie leergefegt sind, und warum in aller Welt Pasolini sie hierhergebracht hat. »In der Ferne leuchten die Lichter von Rom, der Olympia-Stadt. Nein, die Menschen in der Borgata schlafen nicht: Von der Metropole abgeschnitten, verkriechen sie sich in ihren kleinen Behausungen wie in einem Bau.« Dann, neugierig geworden, kommen die Barackenbewohner zögerlich nach draußen: »Fast alle sind sie jung, und als sie Kapitonow erkennen, umringen sie ihn freudig, elegante Gaunerlumpen am Leib. Ach, wie viel es zu sagen gäbe ...«. Pasolini hat einen sowjetischen Goldmedaillengewinner ausgerechnet hierhergeführt, zwischen die Wellblechhütten und kleinen Gemüsegärten der östlichen Vorstadt von Rom.

Der vierte und letzte Artikel zur Olympiade[114] birgt eine ähnliche Botschaft für die Leser: Der Sport muss sich hinaus auf die Straße begeben, das Fernsehen verlassen, seines Nimbus beraubt und in die Hände der einfachen Leute gelegt werden. Auch dieser Text erzählt von einem Tag im Olympiastadion. Diesmal sieht sich der Reporter in Begleitung von Elsa Morante und Alberto Moravia den Leichtathletik-Wettkampf an. Doch Pasolini schreibt über alles, nur nicht über das, was auf dem Platz geschieht, ganz, wie es ihm beim Sport inzwischen zur Gewohnheit geworden ist. Tatsächlich beginnt der Artikel wie folgt: »Ich habe bemerkt, dass ich bei Leichtathletik-Turnieren ein sehr schlechter Zuschauer bin.« Grund hierfür sei, dass »aus dem Sport schon seit langem ein Spektakel geworden ist«, es aber einige Sportarten gebe, die sich nur schlecht für diese Veränderung eignen. Und dazu gehöre die Leichtathletik. Laut Pasolini möchte niemand eine Aufführung über sich ergehen lassen, bei der nur Gedichte rezitiert werden, und für ihn handelt es sich bei Leichtathletik-Wettkämpfen um mehr oder weniger lange Gedichte, die beim Publikum nur schwerlich Begeisterung hervorrufen. Wurden der Wettlauf und der Weitwurf einst auch außerhalb des sportlichen Wettstreits betrieben, so hat die moderne westliche Zivilisation sie ins Sport-Spektakel verbannt, wodurch sie zusammen mit der kriegerischen Folie auch ihre epischen, heldenhaften Anklänge verloren haben. Den modernen Zuschauern »liegt nichts an der köstlichen Kürze eines Elfsilblers«. Der 400-Meter-Lauf und der 1500-Meter-Lauf erweisen sich als »erhabene Momente für enttäuschte Zuschauer, die sich nach anderen, eingängigeren, länger anhaltenden und dramatischeren Emotionen sehnen«.

Pasolinis Schlussfolgerung fällt äußerst entschieden aus: »Soll ich die ganze Wahrheit sagen? Vor ein paar Tagen, im Strandbad Ondina in Ostia, habe ich mich mehr amüsiert.« Dort hatten ein paar Mädchen auf dem fast menschenleeren Septemberstrand eine Reihe von Wettkämpfen organisiert, zwischen einer Gruppe von Jungen aus Rom (»schon müde geboren, Vorstadt-Jugendliche«) und Jungen aus Ungarn (»eine Auswahl von Kolossen, stark und gewissenhaft«). Nachdem die Ungarn mehrmals in Folge gewonnen hatten, heimsten die Italienerinnen beim Tauziehen (römische Kraftausdrücke schreiend) einen Sieg über ihre ausländischen Konkurrentinnen ein.
Und den Abschluss bildet ein »pasolinianisches« Manifest zum Sport: »Das hier war wirklich ein Sportereignis: Der ideale Sport hat diese Dimensionen ... Ich kann mich deswegen nicht schämen: Auf diesem Gebiet gefällt mir das, was allen gefällt: Ich bin kein Päda-

goge, ich habe keine Lust, mich darum zu bemühen, dass einstige Bedürfnisse oder Leidenschaften wieder- hergestellt oder die neuen verändert werden: Mich sto- ßen alle Exhumierungen ab.«

DER INTELLEKTUELLE

Dass der Sport (die Spiele, circenses) als »Opium fürs Volk« gilt, ist allgemein bekannt. Warum sollte das ständig wiederholt werden, wenn es doch keine Alternative gibt? Andererseits – dieses Opium hat auch eine therapeutische Wirkung. Ich glaube kaum, dass irgendein Psychoanalytiker davon abraten würde. Die zwei Stunden Mitfiebern (Aggressivität und Verbrüderung) im Stadion sind befreiend: auch wenn darin aus Sicht einer politischen Moral oder moralistischen Politik eine Verweigerungshaltung und Weltflucht zum Ausdruck kommt.[115]

Opium fürs Volk?

Fußballfan, Fußballspieler, Schriftsteller, Dichter, Journalist: Pasolini war ein Intellektueller, der sich auf jede erdenkliche Weise mit Sport und ganz besonders mit dem Fußballspiel auseinandersetzte. Den bedeutendsten Beitrag leistete er jedoch immer dann, wenn er aus sozialanthropologischer Perspektive auf den Fußball blickte und ihn als Phänomen der Massengesellschaft analysierte, was hin und wieder vorkam. Er hielt es nie für oberflächlich oder unangemessen, öffentlich über Meisterschaften, Spiele, Fußballstile oder Fans zu diskutieren, und häufig gewann er diesen Themen eine Bedeutung ab, die weit über das einfache Sportereignis hinausreichte.

Edoardo Galeano brachte 1995 einen Aspekt, den auch Pasolini rund dreißig Jahre zuvor bereits angesprochen hatte, gut auf den Punkt: »Die Verachtung vieler konservativer Intellektueller gründet auf der Gewissheit, die Anbetung des Balls sei der Aberglaube, den das Volk verdient. [...] Viele linke Intellektuelle hingegen lehnten den Fußball deshalb ab, weil er die Massen verdummt und ihre revolutionären Energien fehllenkt.«[116] Diese Beobachtung hält wunderbar die Situation im Kulturbereich fest, wie sie sich Ende der Sechziger- und Anfang der Siebzigerjahre darstellte, eine Zeit, in der besonders lebhaft über Sport diskutiert wurde, wenn auch das weitverbreitete, intensive politische Engagement den größeren Rahmen dafür bildete.

Im Januar 1969 kam es zu einer heftigen Polemik zwischen Pasolini und Giovanni Arpino, nachdem Pasolini in *Il Caos* deutlich seine Abneigung gegen Nino Benvenuti kundgetan hatte, einen italienischen Boxchampion, der augenscheinlich mit der Rechten sympathisierte.[117] Als die Fans des Boxers protestierten, entgegnete Pasolini einer Leserin brüsk: »Nun können Sie also nachvollziehen, warum wir uns wünschen sollten, dass Benvenuti den nächsten Kampf und alle künftigen Kämpfe verliert, dass die italienische Nationalmannschaft es mit einer Reihe von schicksalsschweren Begegnungen wie dem Spiel gegen Korea zu tun bekommt und so weiter: damit es ein für alle Mal vorbei sei mit dem falschen Trost angesichts niedriger Löhne.«[118] Warum nur sollte man der italienischen Nationalmannschaft wünschen, erneut eine sportliche Tragödie zu durchleben wie anlässlich der Weltmeisterschaft 1966 in England, als Nordkorea, eine Mannschaft aus Amateuren, überraschenderweise Italien samt Bulgarelli und Mazzola ausgeschaltet hatte? Mit dieser provozierenden Befürwortung einer Niederlage brachte Pasolini klar seine Ablehnung gegenüber einer Sport-Rhetorik zum Ausdruck, die seiner Ansicht nach nur auf Unterhaltung und flüchtiges Vergnügen für die ausgebeuteten Massen abzielte, und zugleich zeigt sich darin eine tiefe Aversion gegen ein Bild von der Sportnation Italien als »abgelegener europäischer Provinz, die nur auf ihren wiedererwachenden Wohlstand blickt und alte Zänkereien wiederkäut«. Nicht das Mitfiebern beim Fußball war in Pasolinis Augen schuld daran, dass sich die Arbeiter vom Befreiungskampf abwandten, sondern die hohle Rhetorik, die Sportereignisse begleitete und in Fernsehen, Presse und Politik kultiviert wurde: Sie war es, die aus der Fußball-Leidenschaft eine unpolitische, häufig auch chauvinistische Angelegenheit machte.

Von den meisten wurde Pasolini missverstanden, so auch von Arpino, der in Beiträgen in *La Stampa* gegen ihn wetterte und ihn beschuldigte, die wohlfeile Kritik am Sport als »trügerische Weltflucht« und »übliches Opium fürs Volk«[119] übernommen zu haben.

Pasolini antwortete selbstverständlich auf diese Kritik und hob – beim Versuch, das Etikett des sport- und vor allem fußballfeindlichen Intellektuellen abzustreifen – sein Doppelleben als Fan und Amateurfußballer hervor. Den Sport als Spiegel der Gesellschaft zu betrachten, damit erklärte er sich voll und ganz einverstanden. Aber seine Schlussfolgerungen waren denen Arpinos genau entgegengesetzt: »Doch ich bin, bei aller Sanftheit meines Charakters, ein Apokalyptiker, werter Arpino! Eine derartige Realität akzeptiere ich nicht, und erst recht nicht im Spiegel.«[120]

In jenen Jahren gab es in Italien viele Sportbegeisterte, aber nur sehr wenig aktive Sportler: Und trotz dieser Diskrepanz versuchte man, es so aussehen zu lassen, als fielen das Land der internationalen sportlichen Erfolge und das reale Italien in eins, obwohl sogar die Anzahl der Goldmedaillen, die Italien bei den Olympischen Spielen errang, im Vergleich zu den anderen Nationen mickrig wirkte. Pasolinis Kritik richtet sich gegen die – noch heute vorherrschende – Heuchelei, die mit Siegen bei internationalen Wettkämpfen einhergeht: Häufig werden sie über die Maßen aufgebauscht und zeichnen sich durch Anklänge von verzweifeltem Patriotismus, wenn nicht sogar von echtem Nationalismus aus. Einige Monate später ergreift Pasolini die Gelegenheit, dieses Thema anzusprechen: »A propos Nationalismus: Wäre es nicht an der Zeit, dass wir uns auch beim Sport als Weltbürger begriffen [...]. Ich würde mir wünschen, dass die Zeitungen den Sieg (oder besser, den Triumph) der Spitzensportler in Plakatschrift verkündeten, über fünf oder sechs Kolumnen hinweg: So wie man die Siege (triumphal) von Bartali, Coppi und zuletzt von Gimondi verkündet hat.«[121]

Ende der Sechzigerjahre war der Fußball als »Opium fürs Volk« ein wiederkehrendes Thema in der öffentlichen Debatte. Pasolini fühlte sich dann jedes Mal auf den Plan gerufen; beinahe mit Wut reagierte er auf die Worte des Argentiniers Helenio Herrera, seinerzeit Trainer des AS Roma, der Folgendes erklärt hatte: »Der Fußball, der Sport im Allgemeinen, dient dazu, die Jugend vom Protest abzulenken. Er dient dazu, die Arbeiter bei Laune zu halten. Und dass keiner an die Revolution denkt. So wie es Franco in Spanien mit dem Stierkampf macht.«[122]

Diese Worte des »Magiers« – wie Herrera genannt wurde – waren an einem runden Tisch mit Jugendlichen gefallen, an dem auch Moravia teilgenommen hatte, und riefen bei Pasolini Verwunderung hervor. Seine Kritik richtet sich in diesem Fall weniger gegen die Ausführungen des argentinischen Trainers als vielmehr gegen das Ausbleiben einer Reaktion seitens der linken

Kreise: »Haben die Zeitungen der Linken etwa Angst, Herrera zu kritisieren? Vielleicht, weil die Masse der Arbeiter ins Stadion geht? Und es daher unpopulär wäre, schlecht über Herrera zu sprechen, wie es auch unpopulär wäre, schlecht über die unerträglichen Sänger seichter Liedchen zu sprechen, die – wie der Fußball, ja, sogar noch mehr – von der Revolution ablenken?«[123]

Pasolini kritisiert am Fußball nicht, dass er der »Weltflucht« diene: Als Fußballfan und als Sportler konnte und wollte er das nicht so sehen. Zielscheibe seiner Kritik waren vielmehr die linken Intellektuellen, die es vermieden, sich auf politischer Ebene mit der Fußballdebatte auseinanderzusetzen, da sie dem zu fern standen und überzeugt davon waren, dass eine Analyse gemäß der Orthodoxie auf eine unpopuläre Verurteilung hinauslaufen müsste. Und kurz darauf unterstrich Pasolini noch einmal seine sehr spezielle Haltung in Sachen Fußball, indem er erklärte, er wolle »von innen heraus« Position beziehen zu den gesellschaftlichen und politischen Fragen, mit denen der Sport als Massenphänomen Intellektuelle wie Politiker unbestreitbar konfrontierte. »Ich mache in der Tat selbst die Erfahrung, wie widersprüchlich der Sport ist [...]. Ich kenne die Namen der Spieler fast aller Mannschaften, und zwar nicht nur der heutigen, sondern auch der aus früheren Zeiten, und ich verfolge ihre Laufbahn. Ich ziehe mich also nicht einfach auf eine ablehnende Haltung zurück, was der Verleugnung der Realität gleichkäme, und sei es auch einer negativen oder gar schändlichen Realität. Aber genau deshalb, weil ich mittendrin stehe, kann ich auch darüber diskutieren, mich einbringen, bin also kein Ahnungsloser, einer, der von den Dingen nichts weiß und keinen Anteil daran nimmt. Dieses eine Mal kann ich es mir erlauben, Anstoß zu nehmen.«[124]

Zum selben Thema hat Gianpaolo Ormezzano im Jahr 1975 ein interessantes Interview mit Enrico Berlinguer für *Tuttosport* geführt. Auf der ersten Seite der Tageszeitung prangte gut sichtbar die Schlagzeile *Berlinguer: Das Stadion ist kein Opium.* Auf die Frage des Journalisten, ob dem Sport denn tatsächlich vorzuwerfen sei, »dass er das Bewusstsein einlullt, die Entfremdung der Massen befördert«, antwortete der damalige Sekretär der Kommunistischen Partei Italiens wie folgt: »Ich denke nicht, dass ein Arbeiter, der sonntags ins Stadion geht, am Montag weniger bereit dazu ist, die Probleme bei der Arbeit, die Gewerkschaftskämpfe in Angriff zu nehmen. Damit möchte ich nicht sagen, dass der Sonntag im Stadion zur Politisierung der Arbeiter beiträgt, aber die Befürchtungen hinsichtlich der Konsequenzen dieser feiertäglichen Auszeit teile ich nicht.«[125] Wie man sieht, handelt es sich hier um einen ähnlichen Gedankengang wie den Pasolinis.

Einige Monate nach diesem Interview mit Berlinguer sprach Pasolini das Thema noch einmal an, nun in einem Interview, das Claudio Sabattini für die Zeitschrift *Guerin Sportivo* mit ihm führte: »Dass der Sport (die Spiele, *circences*) als ›Opium fürs Volk‹ gilt, ist allgemein bekannt. Warum sollte das ständig wiederholt werden, wenn es doch keine Alternative gibt? Andererseits, dieses Opium hat auch eine therapeutische Wirkung. Ich glaube kaum, dass irgendein Psychoanalytiker davon abraten würde. Die zwei Stunden Mitfiebern (Aggressivität und Verbrüderung) im Stadion sind befreiend: auch wenn darin aus Sicht einer politischen Moral oder moralistischen Politik eine Verweigerungshaltung und Weltflucht zum Ausdruck kommt.«[126]

Das Interview erschien in einer denkwürdigen Ausgabe des *Guerin Sportivo* – direkt nach Pasolinis Tod. Die Redaktion hatte sich dafür entschieden, ihm das Cover zu widmen: Ein Foto verewigt ihn dabei, wie er sich – perfekt gekleidet im Trikot des FC Bologna – vor Betreten des Platzes die Schuhe bindet.

Die Linguistik des Fußballs

Seinerzeit boten die Tageszeitungen des Öfteren Raum für Analysen und Reflexionen über die gesellschaftlichen und kulturellen Kehrseiten des Fußballs als Sport für ein Massenpublikum. Dazu gehören auch Beiträge, wie sie 1970 in *L'Europeo* erschienen sind, im Rahmen einer sogenannten »Umfrage in sieben Teilen«, für die Guido Gerosa verantwortlich zeichnete: Im Mittelpunkt stand eine sprachbezogene *querelle* zwischen Sportreportern und Intellektuellen.[127] Ausgangspunkt der Auseinandersetzung war, dass die Sportjournalisten, wie behauptet wurde, ein »echtes«, der Alltagssprache näherstehendes Italienisch verwendeten, während die Intellektuellen Hüter einer mittlerweile ungebräuchlichen, rhetorisch geprägten und vom wirklichen Leben losgelösten Sprache seien. An der hitzigen Debatte beteiligten sich zahlreiche Persönlichkeiten aus der Welt der Literatur und des Journalismus: so etwa Schriftsteller und Kritiker wie Pasolini, Ennio Flaiano, Giovanni Arpino, Luciano Bianciardi oder Oreste Del Buono und Sportjournalisten wie Gianni Brera, Antonio Ghirelli, Gino Palumbo oder Livio Zanetti.

Der Gegensatz zwischen Sport und Kultur wurde von Gerosa als Tatsache präsentiert, doch die Angelegenheit erwies sich als wesentlich komplexer, wie einige seiner Interviewpartner bezeugten, die sich als Intellektuelle, aber auch als Sportliebhaber und über Sport schreibende Schriftsteller verstanden. Von allen Mitwirkenden trat Ennio Flaiano sicher am überzeugtesten für eine elitäre Sprache ein, die nur verstehen könne, wer über Wissen verfüge und entsprechende Anstrengungen unternehme. Schriftsteller wie Arpino und Bianciardi wiederum bildeten ein Bindeglied zwischen beiden Welten und fühlten sich dazu berufen, die Existenzberechtigung sowohl der einen als auch der anderen zu verteidigen, wobei sie jedoch ein gewisses Verständnis für die vehement vorgetragenen Ansprüche der Sportjournalisten an den Tag legten.

Und Pasolini? Fest in seinem Individualismus verankert, ließ er sich weder in die eine noch in die andere Schublade stecken; im Gegenteil handelte er die ganze Kontroverse mit wenigen Worten ab und machte sich daran, eine »Fußball-Linguistik« ins Leben zu rufen. In Gerosas Artikel *La guerra di Troia continua* (Der Krieg von Troja geht weiter) vom Ende des Jahres 1970 wird er mit folgenden, bekräftigenden Worten zitiert: »Ich sehe keinen Gegensatz zwischen der Sprache der Literatur und der Sprache des Sports, da letztere ein Subcode des literarischen Codes ist. Doch die Sprache des Sports ist nicht die der Journalisten. [...] Die wahre Sprache des Sports ist die athletische Sprache des Spielers, die Sprache seines Körpers, seiner Muskeln, der Technik, des Stils. [...] Daher zeigt sich die Sprache des Fußballs meiner Meinung nach nur dann, wenn der Spieler einen Einfall zum Ausdruck bringt. Die Sprache des Fußballs zeigt sich zum Beispiel, wenn Rivera den Ball auf eine bestimmte Art und Weise berührt.«[128]

Kurz darauf, Anfang Januar 1971, schreibt Pasolini, vom polemischen Impetus gepackt, einen Artikel in *Il Giorno*, in dem er den Disput zwischen Sportjournalisten und Literaten schmäht und gleichzeitig eine überaus originelle Deutung des Fußballspiels bietet. Der Titel des Artikels spricht für sich: *Der Fußball als Sprache hat seine Dichter und Prosaschriftsteller*[129].

Das Fußballspiel wird hier, einem ironischen, aber wissenschaftlich konsequenten Ansatz folgend, als Sprachsystem dargestellt: ein »Zeichensystem«, eine Sprache, die ihrerseits wiederum verschiedene, den unterschiedlichen Spielstilen entsprechende Varietäten kennt und deren Mechanismus zur Herstellung von Bedeutung sich nicht sonderlich von dem einer gesprochenen Sprache unterscheidet. Eine Sprache, deren kleinste bedeutungsunterscheidende Einheiten – den Phonemen in der Linguistik entsprechend – die »Podeme« sind: Aus deren Kombination entspringt die Syntax des Fußballspiels, ein System, das von handfesten Regeln bestimmt wird. So entspricht das Podem als kleinste bedeutungsunterscheidende Einheit etwa »einem Mann, der den

Fuß nutzt, um gegen einen Ball zu treten«, und dank einer Vielzahl verfügbarer Einheiten können potenziell unendlich viele »Fußballwörter« zusammengesetzt werden, die wiederum das Spiel ins Leben rufen, eine »veritable dramatische Rede«. Im Stadion entfaltet sich folglich eine kommunikative Beziehung zwischen den Spielern auf dem Platz und den Fans auf den Rängen.

Die Spielstile entsprechen linguistischen Subcodes, die von einem Extrem zum anderen reichen, von der Poesie bis zur realistischen Prosa. Die besten Interpreten des Prosa-Spiels sind die mitteleuropäischen Mannschaften, die den Aufbau des syntaktischen Systems über den individuellen Funken setzen, also einem geometrischen und gemeinschaftlich geprägten Spiel den Vorzug geben. Die begabtesten Dichter hingegen sind die Brasilianer und generell alle Lateinamerikaner: Sie bevorzugen Dribblings beziehungsweise fulminante, künstlerische und individualistische Lösungen, bei denen sich ein Spieler selbst aus dem Griff seines Gegners befreit, ohne dass es dafür notwendigerweise eines Passes hin zu einem Mannschaftskollegen bedürfte. Italien positioniert sich mehr oder weniger in der Mitte dieser beiden Extreme, mit seiner »ästhetisierenden Prosa«, einem der Gemeinschaft verpflichteten Spiel, das jedoch nicht auf individuelle Vorstöße verzichtet. Pasolini erkennt, dass zu jeder Nation aus geschichtlichen und kulturellen Gründen eine besondere, charakteristische Varietät der Fußballsprache gehört.

Doch so »prosaisch« und gemeinschaftlich organisiert ein Spiel auch sein mag, ist doch immer ein poetischer

Ausreißer möglich: »Jedes Tor ist eine für sich stehende Erfindung, es unterwandert den Code: Jedes Tor ist Unausweichlichkeit, Geistesblitz, Staunen, Irreversibilität. Genau wie das dichterische Wort. *Der Torschützenkönig einer Meisterschaft ist stets der beste Dichter des Jahres.*[130]«

Für Pasolini ist der Fußball also eine Sprache. Eine intuitive Sprache, die mit den Füßen und einem Ball gesprochen wird und über unendlich viele syntaktische Variationsmöglichkeiten verfügt. Pasolini selbst ist sehr versiert in dieser Sprache, und dank seiner Kenntnis ist er imstande, sie in jeder Umgebung zu sprechen und zu interpretieren: Ob auf einem kleinen, vorstädtischen Fußballplatz, wo er eine Runde mit den *ragazzi di vita* bolzt, oder in einem der großen Stadien des Landes im Match gegen die ehemaligen Stars der ersten Liga. Und nicht nur die Fußballer untereinander kommunizieren mittels dieses »Zeichensystems«: »Die Spieler kodieren diese Sprache, wir auf den Rängen dechiffrieren sie: Gemeinsam ist uns also der Code.« Doch diese Verbindung von Spielern und Zuschauern reicht für Pasolini noch über einen gemeinsamen sprachlichen Code hinaus.

Der letzte sakrale Ritus

Um Pasolinis Überlegung – die wir als Höhepunkt seiner Reflexionen zum Sport bezeichnen könnten – auf den Grund zu gehen, müssen wir noch einmal auf das

Interview zurückgreifen, das Gerosa mit ihm geführt hat und an dessen Ende ein Gedanke von großem Bedeutungsgehalt steht: Im Fußball mit seinen Spielern alias Kodierern, die kanonischen Regeln folgend mit einer Masse aus Fans alias Dechiffrierern kommunizieren, sieht er das einzig verbliebene religiöse Ritual der zeitgenössischen Gesellschaft:

»Der Fußball ist das letzte sakrale Schauspiel unserer Zeit. Er mag der Zerstreuung dienen, doch im Kern handelt es sich um einen Ritus. Während andere sakrale Schauspiele, selbst der Gottesdienst, bereits im Niedergang begriffen sind, ist uns der Fußball als einziges geblieben. Er hat den Platz des Theaters eingenommen. Dem Kino ist das nicht gelungen, dem Fußball ja. Denn das Theater schafft eine Verbindung zwischen dem Publikum und den Figuren auf der Bühne, beide Seiten sind aus Fleisch und Blut. Im Kino hingegen verläuft die Verbindung zwischen realen Zuschauern und Schemen auf einem Bildschirm. Der Fußball bietet nun wieder ein Schauspiel, in dem eine echte Welt aus Fleisch und Blut, diejenige auf den Rängen des Stadions, sich mit echten Protagonisten misst, den Sportlern auf dem Platz, die in ihren Bewegungen und ihrem Verhalten einem präzisen Ritual folgen. Daher sehe ich im Fußball den einzigen großen Ritus, der unserer Zeit geblieben ist.«[131]

In der zweiten Hälfte des 20. Jahrhunderts sind die großen Massenrituale der westlichen Gesellschaft – die Katharsis im Theater, die katholische Messe, die Zeremonien der Politik – bereits untergegangen oder unwiederbringlich im Niedergang begriffen. Der Fußball ist das einzige Phänomen, das die Massen noch mitzureißen vermag, eine Ausflucht aus der Realität ermöglicht, sie in einem gemeinschaftlichen Begeisterungstaumel mit sich trägt. Ein Ritus, der auf einer Verbindung zwischen den Körpern der Ausführenden und der Zuschauer beruht, für dessen Gelingen die körperliche Präsenz beider Seiten wesentlich ist. Und da dieses Spektakel Selbstzweck ist, erfüllt es in erster Linie die Funktion eines sakralen Schauspiels.

1982, also zwölf Jahre später, verfasste der Anthropologe Marc Augé einen Essay mit dem Titel *Football. De l'histoire sociale à l'anthropologie religieuse* (*Fußball. Von der Sozialgeschichte zur Religionsanthropologie*). Er kommt darin zu ähnlichen Ergebnissen: »Zum Abschluss sei noch gesagt, dass die Beziehung zwischen dem Sport als Massenveranstaltung und der Religion überhaupt nichts Metaphorisches an sich hat. Die Tatsache, dass die sozialen Funktionen des Sports je nach Situation auf unterschiedliche Weise gedeutet werden oder sogar widersprüchlich sein können, rückt ihn selbst in die Nähe von religiösen Phänomenen.«[132] Auserwählter Schauplatz des Ritus ist auch nach Augé das Stadion: »Ort des Sinns, des Wider-Sinns und des Un-Sinns, ein Symbol der Hoffnung, des Scheiterns und des Schreckens.«[133] Anders als Pasolini ist der französische Wissenschaftler jedoch der Ansicht, dass wir es auch dann mit einem Ritual zu tun haben, wenn das Spiel übertragen wird: »Zum ersten Mal in der Geschichte der Menschheit setzen sich Millionen von Individuen in regelmäßigen Abständen und zu festen Zeiten vor ihren häuslichen Altar, um der Zelebration ein und desselben Rituals beizuwohnen und, im wahrsten Sinne des Wortes, daran teilzunehmen.«[134]

Die Deutung des Fußballs als sakrales Ritual und der Essay zur »Linguistik des Fußballs« eröffneten neue Wege für eine Wertschätzung des Sports durch die Welt der Kultur. Ein streitbarer Intellektueller hatte den Zerstreuung bietenden Fußball ins Zentrum seines täglichen Wirkens gestellt, in jeder nur möglichen Ausformung; nun ging er gar so weit, eine gründliche Analyse aus gesellschaftlicher Perspektive vorzunehmen. Er war nicht mehr der Dichter, »der gerne Fußball spielt«, sondern ein genauer Beobachter der Bräuche der italienischen Gesellschaft, und als solcher sah er im Fußballspiel, und eben nicht im Gottesdienst, im Theater oder im Kino, das letzte noch mögliche sakrale Schauspiel. Pasolini schlug eine Bresche, wenn ihm auch nur wenige folgten.

Heutzutage übernimmt der Fußball nur noch in Teilen die beschriebene Funktion. Der Übermacht der Kommunikation lässt sich kaum etwas entgegensetzen: Sie hat den Ritus inzwischen weitestgehend seiner Sakralität beraubt, indem sie seine Bilder zu jeder Tages- und Nachtzeit in die Häuser der Fans übermittelt. Die »Podeme« sind jedoch nach wie vor Grundlage einer Sprache, ohne die der Ritus nicht nachvollzogen werden kann, wie auch die Beteiligten weiter dem Vorwurf ausgesetzt sind, einem eitlen Glauben anzuhängen.

Und doch ist der Fußball eines der wenigen gesellschaftlichen Phänomene, denen es noch gelingt, Geschichten, Legenden und Mythen hervorzubringen – und das in der Epoche der Unmittelbarkeit und übersteigerten

Sichtbarkeit, der unkontrollierbaren Schwemme von Nachrichten mit Warencharakter, des überbordenden Angebots an Informationen und verzichtbaren Bildern. Die großen Erzählungen und Jahrhundertbewegungen, die in der Lage wären, dem menschlichen Leben einen Sinn zu verleihen und es als Weg in Richtung Fortschritt zu entwerfen – sei dieser nun politischer, wissenschaftlicher oder religiöser Natur –, sie gibt es nicht mehr. Beim Blick in die Zukunft herrschen Desorientierung und Verunsicherung, der Konsum ist zum einzigen echten Antrieb unserer postmodernen Gesellschaft geworden. In diesem Rahmen fungiert das Fußball-Ritual trotz allem erfolgreich als Katalysator: Es gelingt ihm, Erzählungen hervorzubringen, ein Storytelling – im positiven Sinne des Begriffs –, das die Handlungen der Menschen mit Bedeutung auflädt und auch unserem Leben einen Sinn und Zweck zu verleihen vermag. Gewiss läuft eine solche Sicht der Dinge Gefahr, naiv zu wirken, steht uns doch allen deutlich vor Augen, in welchem Maße der Fußball sich mittlerweile in ein riesiges Business verwandelt hat – hier herrscht in erster Linie das Gesetz des Profits. Und doch sperren sich einige Elemente weiterhin dagegen, in eine konsumierbare Ware und ein Medienspektakel verwandelt zu werden: die Verflechtung des Fußballs mit politischen und sozialen Spannungen; der volkstümliche Charme des Straßensports, der meilenweit vom Fußball der ultramodernen Hightech-Stadien entfernt ist; seine zutiefst verbindende Funktion, die sich am deutlichsten in den *tifoserie*, den organisierten Fangemeinden, zeigt; seine unerschöpfliche Fähigkeit, überaus subversive Geschichten hervorzubringen, die sich dem vorherrschenden Erzählmuster entziehen. Und zu guter Letzt die ihm innewohnende Unvorhersehbarkeit und Unkontrollierbarkeit, von der auch Eduardo Galeano spricht, womit er den unveränderlichen Wesenskern dieser Sportart auf den Punkt bringt: »Sosehr ihn die Technokraten bis in die letzte Einzelheit programmieren, sosehr ihn die Mächtigen manipulieren, der Fußball will und wird weiterhin die Kunst des Unvorhergesehenen sein. Dort, wo man es am wenigsten erwartet, springt das Unmögliche hervor, der Zwerg erteilt dem Riesen eine Lektion, und der kleine, krumm gewachsene Schwarze lässt den Athleten mit dem Körper einer griechischen Statue alt aussehen.«[135]

Das ist der Schlüssel, der den Ritus unsterblich macht: Obwohl er von festen, so gut wie unumstößlichen Regeln bestimmt ist, entzieht er sich dank seines unvorhersehbaren, unkontrollierbaren Wesens der menschlichen Macht und Berechnung und bewegt sich daher unweigerlich in einer gänzlich anderen Sphäre.

INTERVIEWS
ZUM FUSSBALL

Fußball als Sprache, Fußball als Ritus – im Gespräch mit Guido Gerosa

Das erste der beiden Interviews ist am 31. Dezember 1970 in *L'Europeo* erschienen; verantwortlich dafür zeichnet Guido Gerosa. Pasolini ist der Letzte einer Reihe von Intellektuellen, mit denen Gerosa für diese Ausgabe spricht, um eine Debatte zu vertiefen und vor allem zu befeuern, über die er bereits in den vorausgegangenen sechs Teilen seiner sogenannten Umfrage berichtet hat.

Auf der einen Seite, so stellt es Gerosa dar, gibt es das Lager der Sportjournalisten, die die Sprache ihrer Berichterstattung als das wahre Italienisch, als eine lebendige Alltagssprache betrachten. Auf der anderen Seite halte ein Teil der Schriftsteller und Intellektuellen die Sprache der Literatur für das wahre Italienisch. Pasolini, um seine Meinung gebeten, begibt sich nicht in die Niederungen dieser überflüssigen Polemik: In seinen – zum Teil ironischen, zum Teil ernsthaften – Antworten legt er die Fundamente für seine »Linguistik des Fußballs«, die er dann wenige Tage später, am 3. Januar 1971, in seinem Artikel in *Il Giorno* weiterentwickeln wird. Und die Antwort auf Gerosas letzte Frage enthält außerdem die berühmte Definition, nach der das Fußballspiel der einzig verbliebene sakrale Ritus der zeitgenössischen Gesellschaft ist.

Und Sie, Pier Paolo Pasolini, sind auch Sie der Meinung, dass die Literatur avantgardistisch und experimentell ist, zur Sondersprache einer Kaste von Priestern verkümmert, während der Sportjournalismus über eine lebendige Sprache verfügt?

Bei der Literatur handelt es sich, wie allgemein bekannt, um einen Jargon, einen Code: Daher ist sie notwendigerweise die Spielwiese einer Elite, wenn auch deren Kreis heutzutage größer wird. Nun sehe ich keinen Gegensatz zwischen der Sprache der Literatur und der Sprache des Sports: Schließlich ist letztere ein Subcode der literarischen Sprache. Aber die Sprache des Sports ist nicht die der Journalisten.

Wo ist die Sprache des Sports denn zu finden?

Die wahre Sprache des Sports ist die athletische Sprache des Spielers, die Sprache seines Körpers, seiner Muskeln, der Technik, des Stils. Ich habe das Spiel Italien gegen Irland gesehen. Ein toter Wettkampf, ohne Kommunikation, ohne Erfindungsgeist. Dann, ich weiß nicht mehr genau an welcher Stelle, kam auf einmal Leben hinein. Da leuchtete ein Funke auf, eine spielerische Eingebung: Auch diese stumme Erzählung hatte ihren poetischen Augenblick.
Daher zeigt sich die Sprache des Fußballs meiner Meinung nach nur dann, wenn der Spieler einen Einfall zum Ausdruck bringt. Sie zeigt sich zum Beispiel, wenn Rivera den Ball auf eine bestimmte Art und Weise berührt.

Kennen Sie Artikel von Sportreportern aus früherer Zeit?

Im Friaul habe ich in meiner Jugend Ugo Ojettis[136] Reportagen über den Giro d'Italia gelesen. Als Schriftsteller zeigte Ojetti nur dürftiges Talent, aber in diesen Reportagen fand er zu Tönen von bemerkenswerter Frische.

Auch Sie lieben den Fußball, nicht wahr, Pasolini?

An der Universität habe ich in Studentenmannschaften gespielt, und ich versuche noch heute, möglichst jeden Morgen zu spielen, vor allem wenn ich während der Arbeit an einem Film zehn bis zwölf Stunden am Tag am Schneidetisch sitze. Ich habe auch eine Erzählung über einen Fußballspieler geschrieben. Es soll hier jedoch nicht so aussehen, als würde ich generell und unterschiedslos ein Loblied auf den Fußball und den Sport singen, denn ich weiß nur zu gut, dass es sich dabei um Weltflucht handelt. Als Herrero in Moravias Anwesenheit dieses schreckliche Interview gab, in dem er sagte, der Fußball diene dazu, die Jugendlichen von der *revolución*, der Revolution abzulenken, habe ich ihm danach gehörig meine Meinung gesagt, lauter als alle anderen. In solchen Fällen sage ich, was nun mal über den Fußball gesagt werden muss, aber ich will nicht auf die andere Seite hinüberwechseln, zu den Bornierten, die ihn völlig ablehnen.

Lesen Sie Brera[137]?

Ja, und ich finde ihn sehr interessant. Ich denke, dass

er sich wirklich gründlich mit den Dingen beschäftigt, und mir scheint auch, dass er meine Texte gelesen hat.

Denken auch Sie, dass das Catenaccio zum italienischen Charakter gehört, und Brera es erfunden hat, um einem mit diesem Charakter einhergehenden Bedürfnis Genüge zu tun?

Das Catenaccio ist nicht Breras Erfindung [lächelt]. Wenn es bereits Teil des italienischen Charakters war, was wahrscheinlich ist, dann konnte es gar nicht erfunden werden. Genauso wenig, wie die Baracken von den Filmern des Neorealismus erfunden wurden. Auch die Baracken gab es schon vorher.

Ghirelli[138] zufolge stehen Rivera und Mazzola[139] sinnbildlich für das christdemokratische Italien: für Talent ohne Engagement, Fortschritt ohne Wagnisse. Glauben Sie das auch?

Da Gesellschaft, Kultur und Sport über ähnliche sprachliche Codes verfügen, ist es einleuchtend, dass bestimmte gesellschaftliche Aspekte auch im Fußball reproduziert werden und sich dort wiederfinden.

Was ist es, dass Sie unterm Strich am Fußball fasziniert, Pasolini?

Der Fußball ist das letzte sakrale Schauspiel unserer Zeit. Er mag der Zerstreuung dienen, doch im Kern handelt es sich um einen Ritus. Während andere sakrale Schauspiele, selbst der Gottesdienst, bereits im Niedergang begriffen sind, ist uns der Fußball als einziges geblieben. Er hat den Platz des Theaters eingenommen. Dem Kino ist das nicht gelungen, dem Fußball ja. Denn das Theater schafft eine Verbindung zwischen dem Publikum und den Figuren auf der Bühne, beide Seiten sind aus Fleisch und Blut. Im Kino hingegen verläuft die Verbindung zwischen realen Zuschauern und Schemen auf einem Bildschirm. Der Fußball bietet nun wieder ein Schauspiel, in dem eine echte Welt aus Fleisch und Blut, diejenige auf den Rängen des Stadions, sich mit echten Protagonisten misst, den Sportlern auf dem Platz, die in ihren Bewegungen und ihrem Verhalten einem präzisen Ritual folgen. Daher sehe ich im Fußball den einzigen großen Ritus, der unserer Zeit geblieben ist.

Pasolinis letztes Interview zum Thema Fußball

Das zweite Gespräch zum Thema Fußball, das wir hier abdrucken, ist tatsächlich eines von Pasolinis letzten Interviews – wenn nicht sogar das letzte. Veröffentlicht wurde es im *Guerin Sportivo* vom 5. November 1975, eine denkwürdige Ausgabe auch wegen des Covers, auf dem der Dichter im Bologna-Trikot prangt, dabei festgehalten, wie er sich gerade die Schuhe bindet. Der Chefredakteur der Zeitschrift, Italo Cucci, berichtete darüber wie folgt: »Ich ließ das Foto auf die Titelseite des *Guerino*[140] setzen und gefährdete damit das Überleben eines geschichtsträchtigen Wochenblatts, das sich gerade mit Mühe aus einer Krise herausarbeitete und nur Gesichter aus Fußballkreisen vertrug. Doch diesmal verkauften wir mehr als 100.000 Exemplare, und ich begriff, dass ich hier eine außergewöhnliche Ausgabe in den Händen hielt.«[141] Diese besondere Nummer des *Guerin Sportivo* erschien nur drei Tage nach Pasolinis Tod und wurde, wie ganz Italien in jenen Tagen, in die Diskussion über die Hintergründe und den Hergang seiner Ermordung am Idroscalo in Ostia hineingezogen. Neben dem Inhaltsverzeichnis der Zeitschrift wurde nämlich wie immer das *Taccuino*, das bissige »Notizbuch« des Grafen Alberto Rognoni[142] abgedruckt, und dieser konnte es nicht lassen, hier seine ganze Abneigung gegenüber Pasolini kundzutun: »Manche Menschen sollten wir bei ihrer Geburt und nicht erst beim Tod betrauern, mag es sich auch um Dichter handeln. [...] Wenn die *ragazzi di vita* Sport trieben, würden sie nicht ständig eine Hauptrolle in den Verbrechensmeldungen spielen. [...] Festzustellen, dass die Heuchelei der Gedenkbekundungen bei einem ›Rotlicht-Verbrechen‹ inbrünstiger und überzogener ausfällt als bei einem Nobelpreisträger, macht mich fassungslos. [...] Sprechen wir also ein betrübtes Requiem für den Dichter (Opfer seiner selbst) und kehren wir rasch zurück in unseren Mikrokosmos.«[143] Doch Rognonis Positionierung – vermutlich steht sie im Gegensatz zur Linie des Chefredakteurs – wird auf den folgenden Seiten nicht aufgegriffen: Der einzige Mikrokosmos, um den es hier geht, ist tatsächlich Pasolinis Verbindung zum Sport. Davon handelt Claudio Sabattinis Artikel und auch sein Interview mit Pasolini, das wenige Tage vor dessen Tod entstanden ist. »Am 2. November 1975, einem Sonntag, haben wir von Pier Paolo Pasolinis Tod erfahren, und die kleine Familie des *Guerin Sportivo* kannte daraufhin kein anderes Thema, die Meisterschaft kümmerte keinen mehr. Claudio, der inzwischen verstorben ist, sagte damals: ›Ich gehe kurz nach Hause‹, und eine halbe Stunde später kehrte er mit einem jener gelben Umschläge zurück, wie sie von Ämtern verwendet werden, und überreichte ihn mir: ›Das ist am Freitag angekommen.‹ Darin steckten vier handbeschriebene Blätter eines Notizblocks, mit den Antworten auf die Fragen, die Sabattini dem Dichter bei ihrem Treffen an der Universität Bologna übergeben hatte. Das letzte Interview vor seiner Ermordung, sozusagen ein Testament für die junge Generation, das vor allem von der Leichtigkeit des Fußballs geprägt war. Die ganze Redaktion war tief bewegt angesichts dieses Geschenks.«[144]

Claudio Sabattini
Sport – Religion unserer Tage[145]

Wenn ich an Pier Paolo Pasolini denke, so erinnere ich mich daran, wie außergewöhnlich gern er sich über Sport unterhielt. Bei einem so gebildeten Mann mochte das widersinnig erscheinen oder auch wie die Koketterie eines vielseitigen Geistes, doch für ihn zählte der Sport tatsächlich zu den wesentlichen Dingen. Und dem blieb er treu, und zwar nicht nur, insofern er gelegentlich die Bedeutung des Zusammenhangs von Kunst und Spiel betonte, sondern auch durch seine persönlichen Gewohnheiten. »Dass ich gern Fußball spiele, ist ja allgemein bekannt, und aus dem Grund ruft mich immer irgendjemand an. Ich komme dann nur fürs Spiel. Für mich ist die Kunst ein Spiel, und auch das Spiel ist auf gewisse Weise Kunst.«
So war Pasolini als Mensch, ehrlich auch in seinen Paradoxien: Mit seinen fußballerischen Leistungen stand er selten auf der Seite der Sieger, im Gegenteil, wollte man die Punktstände seiner Niederlagen ermitteln, benötigte man dafür ein Rechenbrett. Aber er war hart im Nehmen, auch nächsten Dienstag wollte er in Pa-

lermo zusammen mit anderen Mitgliedern der *Nazionale* antreten, einfach, um wieder dieses Freiheitsgefühl auszukosten, das »allein eine Fußballpartie unter Freunden«, so seine eigenen Worte, ihm »immer aufs Neue verschaffen konnte, weil der Sport nur auf diese Weise nicht zur Ware wird«. Möglicherweise fand er aus diesem Grund, dass der *Guerin Sportivo* das richtige Maß an Ketzerei betrieb. Vor allem, wenn er den traditionellen Kanon verließ und sich in Kreuzzüge stürzte, die anfangs ohne jede Unterstützung blieben, sich aber später als richtig erwiesen und Gefolgsleute fanden. »Man muss mutig sein«, sagte er mir vor einigen Tagen, während eines letzten Interviews über den Fußball und seine Protagonisten, »man muss den Mut haben, sich der Kommerzialisierung und den gekünstelt lebhaften Kommentaren zu entziehen. Brera kann zweifellos schreiben, Ghirelli auch. Bei allen anderen aber findet sich eine unmotivierte Anhäufung von Gemeinplätzen.«

Wir schlugen ihm vor, die wichtigsten Ereignisse für uns zu kommentieren, vor allem, wenn sie die Grenzen von Sportveranstaltungen überschritten und ins Gesellschaftsleben hineinreichten. »Mutig zu sein«, antwortete er mir, »das bedeutet, auch so etwas zu tun. Wenn ich nur die Zeit dafür fände, wer weiß! Sprechen wir darüber, vielleicht kann ich das tatsächlich übernehmen.«

Ihn treffen zu wollen, glich einem Abenteuer. In seiner Wohnung im EUR-Viertel hielt er sich fast nie auf. Ans Telefon ging entweder seine alte Mutter oder Graziella Chiarcossi, Dozentin für Literaturwissenschaft, seine

Cousine zweiten Grades. Er war ständig unterwegs, hinterließ aber immer geflissentlich Informationen über seine Ortswechsel, die sich möglicherweise fünf Minuten später schon wieder anders gestalteten. Mein letztes Interview mit ihm nahm während der Pause einer Konferenz an der Universität Bologna seinen Ausgang (»Zum Glück«, sagte er zu mir, »sprechen wir über Sport. Ich brauche das zur Entspannung, bevor ich da wieder rein muss!«) und wurde dann bei einem weiteren Treffen zu Ende geführt. Pier Paolo Pasolini, der ständig auf dem Sprung war, hielt dennoch Wort: »Schau mal, ob das so genügt, für den Inhalt bin schließlich ich verantwortlich. Besser noch, ich schicke dir ein paar Notizen, sobald ich in Rom bin, dann führe ich einige Gedanken noch weiter aus.« Vor ein paar Tagen ist pünktlich einer seiner typischen orangefarbenen Umschläge in der Redaktion eingetroffen. Auf diese Weise nun ist sein letztes Interview zum Thema Fußball entstanden. »Schade«, sagte er, als er sich von mir verabschiedete, »dass alle mich nur als Vertreter der Kultur sehen. Von mir will man nichts als kulturelle Rechtfertigungen, vielleicht, weil die Kultur heutzutage ein hervorragendes Alibi bietet. Nie lädt man mich ein, einen Vortrag über Fußball zu halten, obwohl ich dafür doch bestens gewappnet bin. Weißt du, Sportler sind nicht sehr gebildet und die Gebildeten sind nicht sehr sportlich. Aber ich bin eine Ausnahme.«

Nun, Pier Paolo Pasolini wusste all das zu verbinden. Der Sport, so heißt es im Interview, ist zur Religion unserer Tage geworden. Für sein Leben gilt das ganz gewiss.

Fußball als Therapie – Pasolini im Gespräch mit Claudio Sabattini [146]

Wenn das Stichwort »Fußballspieler« fällt, geht es gleich um Erfolg, um Geld. Doch die Spielregeln können sich als zu hart erweisen: Ein junger Mann, der zum Idol aufsteigt, bewegt sich im Grunde in einer unnatürlichen Umgebung, Geben und Nehmen sind am Ende seiner Karriere nicht immer im Gleichgewicht. Jemand hat einmal gesagt, dass ein Fußballer einem Clown ähnele: Ohne seine quietschbunten Kleider macht er eine wirklich traurige Figur.

Ich finde dieses Problem etwas rührselig. Vielleicht könnte jemand einen Schlager daraus machen. Im Übrigen habe ich nicht den Eindruck, dass diese jungen Männer durch den Erfolg besonders traumatisiert wären. Im Gegenteil, wie es scheint, empfinden sie den Erfolg als etwas sehr Selbstverständliches, das ihnen quasi zusteht. Ich würde behaupten, sie entwickeln sofort Automatismen im Umgang damit. Und das macht sie undurchdringlich. Der geflügelte Antognoni[147] ist eine Sphinx. Wer sich »entblößt«, sind im Allgemeinen die Eltern, die Freunde oder die Cafébarbesitzer.

Riva[148] und Rivera: zwei Topspieler, zwei Persönlichkeiten, zwei grundlegend verschiedene Männer. Riva ist schweigsam und wirkt fast immer unsympathisch. Und noch dazu ist er in die Ehefrau eines anderen verliebt. Sympathisch macht ihn nur sein Pech. Rivera hingegen wird verhätschelt, als Vorbild hingestellt, als der typisch italienische

Selfmademan. Er spricht vornehm, rollt das »R« nicht
und flucht auch nicht. Riva und Rivera also, die beiden Ge-
sichter des italienischen Fußballs.

Riva ist sehr sympathisch. Das ist mir schon deswegen
klar, weil er mich wütend macht: so wütend, wie es
mir nur bei Freunden passiert. Ich meine damit die Wut
über seinen Verzicht, seine Flucht, seine Abwesenheit.
Ich denke, dass man bis zuletzt alles geben sollte, und
Fehler gehören eben dazu. Aber Riva ist auf »naturge-
gebene« Art und Weise wie ein Freund für mich: Wenn
ich so etwas sage, versuche ich also gleichzeitig, seine
Beweggründe zu verstehen, vor allem die unbewuss-
ten, über die man nicht diskutieren kann – es sei denn,
es handelt sich um eine Diskussion aus Leidenschaft.
Rivera erschließt sich mir überhaupt nicht, ich hatte
ihn immer für einen großen Spieler gehalten, aber als
ich dann in Mantua das Spiel AC Milan gegen Cagliari
gesehen habe, ist mir bewusst geworden, dass er – im
Gegensatz zu Riva – sehr gut daran getan hat, sich zu-
rückzuziehen. Aber jetzt will er zurück auf den Platz
und in den Aufsichtsrat. Er sollte auf die zweite Vari-
ante setzen. Ich denke, er eignet sich mittlerweile nur
noch zum Präsidenten.

Padre Eligio[149]: alias »die Kirche schlägt neue Wege ein«.
Diese Figur ist in vielerlei Hinsicht schwer zu fassen. Es
heißt, es gebe nichts, was er nicht schon getan hat. Nun hat
er Rivera unter die Fittiche seines Talars genommen und
macht für ihn die Öffentlichkeitsarbeit. Ist denn eine solche
Koexistenz möglich, die Paarung Padre Eligio-Fußball?

Padre Eligio ist (zumindest in der Öffentlichkeit) ein so vulgärer Mann, dass ich unmöglich über ihn sprechen kann.

Die Nationalmannschaft, Bernardini und Bearzot[150]*: Die Kritik ist verhallt. Bernardini bittet um Zeit und Ruhe, die Fans wollen Ergebnisse, und zwar sofort. Finnland ist zu vernachlässigen, Polen hingegen hat Anlass für eine heftige, von falschem Optimismus erfüllte Polemik gegeben, Facchetti ließ verlauten (vor dem Spiel in Warschau), eine ordentliche Leistung habe die Nationalmannschaft in den letzten Jahren nur gegen die UdSSR gezeigt. Alles Übrige harre seiner Erneuerung.*

Facchetti hat recht: Das Auswärtsspiel gegen die UdSSR war die beste Leistung der Nationalmannschaft in diesen Jahren. Besser noch als das Spiel in Warschau. Es fehlte nur ein letzter vertikaler Pass zum gegnerischen Tor hin. Oder zumindest fehlte eine Spielerpersönlichkeit, die einen solchen Pass hätte verwerten können. Savoldi war zum ersten Mal dabei: Seine Kollegen wussten nicht, dass man ihn in die Tiefe anspielen muss, mit halbhohen Pässen, die er, sich nach unten verrenkend, mit dem Kopf weiterspielen kann, oder aber mit kräftigen Pässen, die er auf etwas abenteuerliche Weise mit einer Grätsche annimmt. Pulici hat das letzthin versucht, ist aber gescheitert. Nicht einmal zufällig gab es Pässe, die er erreichen und, das gegnerische Tor im Rücken, blindlings in der Drehung hätte mitnehmen können, in dieser ihm eigenen, rätselhaften Fähigkeit zur Antizipation. Chinaglia[151] wiederum war in dieser Nationalmannschaft vollkommen nutzlos: ein ungeschickter, konfuser zweiter Stürmer, der in dieser Rolle nicht einmal ein Zehntel so viel wert ist wie der wunderbare, brillante Bettega. Obendrein verbreitet Chinaglia unter den anderen nichts als schlechte Laune: Dabei ist doch allgemein bekannt, dass man nur gut spielt, wenn man gut gelaunt ist. Ich habe den Verdacht, dass Bernardinis Gründe, ihn einzusetzen, nichts mit Sport zu tun haben. Ich hatte sehr darauf gehofft, dass die New York Cosmos (oder vielleicht Cosa Nostra) unseren Chinaglia übernehmen würden. Ein weiterer Schwachpunkt ist Graziani, der ebenso wie Pulici sehr gut darin ist, Treffer zu erzielen, bei Gegnern, die in der italienischen Liga, wie man so sagt, ganz unten oder im Mittelfeld der Tabelle rangieren. Aber damit hört es dann auch schon auf. Ein – wie ich hoffe, wortgetreu zitierter – Satz Bernardinis in einer Zeitung hat für mich jedoch Licht ins Dunkel gebracht: »Ich wünsche meinem Nachfolger, dass er einen neuen Riva findet.« Ein neuer Riva, das ist tatsächlich, was der Nationalmannschaft fehlt: oder anders gesagt, fehlt ihr die Möglichkeit zum Vertikalspiel (daher sage ich nicht »Riva«, sondern »ein neuer Riva«). Bernardini (oder Bearzot?) trägt keine Schuld daran, dass es diesen neuen Riva nun einmal nicht gibt. Was alles Übrige anbelangt, so scheint mir, dass Bernardini hervorragende Arbeit geleistet hat. Das Spiel gegen Finnland hat keinerlei Bedeutung. Das war eine Falle, eine Sackgasse. Selbst Rocca ist es gelungen, schlecht zu spielen: Wie ein Anfänger ist er gerannt. Letztlich hat er es gut überstanden (eben wegen seiner natürlichen Art), dafür aber hat man mit Gentile einen anderen hervorragenden Spieler beschädigt. Als er in Warschau wieder auf den Platz geschickt wurde, steckte ihm dieser Mangel an Vertrauen noch in den Knochen und er spielte vielleicht am schlechtesten von allen in der Mannschaft. Es ist sehr schwer zu erklären, warum das Spiel gegen Finnland irrelevant ist. Und ich wage mich hier nicht an eine phrasenreiche Analyse. Aber es ist nun mal so. Ballkünstler bleibt Ballkünstler, daran ändert auch Finnland nichts. Und Cordova[152] hatte gegen Polen (in Rom, natürlich) echte Ballvirtuosen in der Mannschaft, das sei hier klargestellt. Schlussendlich muss ich also zugeben, dass es gute Gründe dafür gibt, Bernardini das Vertrauen nicht zu entziehen. Dank ihm ist die jetzige Nationalmannschaft doppelt so schnell wie die vorige (obwohl sie natürlich nicht einmal an die Finnen heranreicht), und vor allem hat er uns siegreich (zumindest beinahe) vom Auswärtsspiel in Polen, der Heimat von Lato, Deyna und Gadocha[153], zurückkehren lassen. Und in der heutigen Zeit ist ein solcher Punktegleichstand eine weltweit herausragende Leistung. Die Geschwindigkeit des Spiels hat einen neuen großen Fußballer hervorgebracht: Capello. Als Capello sich noch im Trab oder Mitteltrab bewegte, dem Mythos des Spiels all'italiana entsprechend, wie Meazza und Rivera es verkörperten, war er ein guter Spieler, mehr nicht. Nun, da er rennen muss, und zwar schnell und viel, ist aus ihm ein großer Spieler geworden. Denn er ist in der Lage, im Spielaufbau rasch für Torchancen zu sorgen (während diese Aufbauphasen früher langsamerer Natur waren). Das Geheimnis des modernen Spiels liegt, was den einzelnen Fußballer angeht, in der Verbindung aus höchster Genauigkeit und maximaler Geschwindigkeit: Er muss rennen wie ein Wahnsinniger und gleichzeitig Stil zeigen. So ist es bei Capello gekommen: Ohne Bernardinis Arbeit wäre das nicht passiert.

Fußball als sedierendes Mittel gegen den Schmerz, im Sinne von: Mit einem Spiel wird alles besser. So ist es in Lateinamerika, und so ist es auch bei uns. Im Grunde begnügen sich die Armen mit wenig und der Fußball eignet sich ideal zum Träumen.

Dass der Sport (die Spiele, *circenses*) als ›Opium fürs Volk‹ gilt, ist allgemein bekannt. Warum sollte das ständig wiederholt werden, wenn es doch keine Alternative gibt? Andererseits – dieses Opium hat auch eine therapeutische Wirkung. Ich glaube kaum, dass irgendein Psychoanalytiker davon abraten würde. Die zwei Stunden Mitfiebern (Aggressivität und Verbrüderung) im Stadion sind befreiend: auch wenn darin aus Sicht einer politischen Moral oder moralistischen Politik eine Verweigerungshaltung und Weltflucht zum Ausdruck kommen.

Nach der Mutter, der Liebhaberin, der Allzweckwaffe, nun also auch noch die Fußballspielerin. Und die Frauen schwören, das sei noch nicht alles. Was sagen Sie?

Dass Frauen Fußball spielen möchten, hat etwas von unschönem Nachäffen. Was das angeht, sind sie ebenso unbegabt wie Benvenuti und Monzon[154].

Im Gespräch mit Dacia Maraini

Dacia Maraini ist eine aufmerksame Beobachterin unserer Gesellschaft und des kulturellen Wandels, der diese Gesellschaft über die Jahre hinweg geprägt hat. Mit Pier Paolo Pasolini verband sie eine lebhafte Zusammenarbeit auf intellektueller Ebene, vor allem aber eine enge Freundschaft, die auf gemeinsamen Idealen und einem besonderen Blick aufs Leben und die Gesellschaft gründete: Das geht auch aus dem kurzen Gespräch mit dem Autor dieses Buches hervor, in dem Dacia Maraini »gezwungen« war, über Fußball zu sprechen, allerdings in Bezug auf Pasolinis Leben und Werk.

Welchen Stellenwert hatte der Fußball in Pasolinis Alltag?

Einen hohen Stellenwert! Weniger, weil er Fan einer Mannschaft war, sondern vielmehr, weil er darin ein Spiel, auch ein erotisches Spiel sah. Das war seine Art, sich den *ragazzi di vita* anzugleichen, sich ganz der Freude an der Bewegung, an der Ablenkung zu überlassen. Einmal, so erinnere ich mich, hatten wir ihn während einer unserer vielen Afrikareisen aus dem Blick verloren, vergeblich überall nach ihm gesucht. Wir machten uns Sorgen. Doch dann stießen wir am Strand auf ihn, wo er mit einer Bande von Halbwüchsigen Fußball spielte. Er kickte sehr gut, schoss ein Tor nach dem anderen. Es war offensichtlich, dass diese Jungen ihn bewunderten und fasziniert von ihm waren, obwohl sie gar nicht wussten, dass es sich um einen berühmten Schriftsteller und Regisseur handelte. Ich sehe ihn noch vor mir, glücklich war er. Ich erinnere mich an seinen Einsatz, seine Freude, während er in den Dünen umherrannte. Man konnte sehen, dass er sich endlich frei fühlte, von der Maske, die er in Gesellschaft trug, von den öffentlichen Verpflichtungen und dem Geschwätz derer, die ihn mit Misstrauen betrachteten.

Franco Citti zufolge »verdüsterte sich seine Miene« nach den Spielen wieder: »Es war, als würde sich ein Schleier über alles senken.«

Meiner Ansicht nach lebte Pier Paolo mit rückwärtsgewandtem Blick. Er blickte seinem Kinder-Ich hinterher, das sich davongemacht hatte. Wenn er spielte, dann nahm dieses Kind zusammen mit dem Fußball wieder Gestalt an; wenn er mit dem Spielen aufhörte, verwandelte er sich aufs Neue in den unruhigen, geplagten Erwachsenen, zu dem er geworden war.

In seinem Leben und Werk zeigt sich die Anziehungskraft, die ein Spiel aus Körpern, angespannten Muskeln, Schweiß auf Pasolini ausübte. Und seine Mannschaftskollegen berichten, dass er seinen Körper auf beinah narzisstische Art und Weise in Szene setzte: immer tadellos gekleidet, großartig in Form, nach der Aufmerksamkeit der Fotografen heischend. Sie selbst haben seine Homosexualität mit den Begriffen »sorgsame Pflege« und »Spiel« be-

162

*schrieben. Das erscheint angesichts all der skizzierten Ver-
haltensweisen ziemlich passend.*

Natürlich war das Fußballspiel für ihn auch erotisch.
Es war ein symbolisches Liebesspiel mit diesen Jungen,
die einen Zauber auf ihn ausübten. Aber ich möchte hier
unterstreichen, dass er überhaupt nichts Brutales oder
Aggressives an sich hatte. Das Spiel bestand aus Respekt
für den Gegner, aus Freude an der Bewegung und aus
Regeln, die er gewissenhaft befolgte. Er wurde viele Male
der Gewalt bezichtigt und sogar deswegen angezeigt.
Dabei war Pier Paolo ein sanfter, friedfertiger Mensch.
Nur mit Worten, in seinen Schriften, konnte er provo-
zierend und mitunter auch aggressiv werden, doch im
alltäglichen Leben war er ruhig und freundlich. Er hätte keiner Fliege etwas zuleide getan. Allenfalls brachte
er sich in Situationen, in denen er die Gewalt der anderen auf sich zog. Wie alle schüchternen, introvertier-
ten und friedfertigen Menschen weckte er bei Wichtig-
tuern Aggressionen. Und er ist ja tatsächlich auf diese
Weise gestorben, dem Hass und der Gewalt der anderen
zum Opfer gefallen.

1963 hat er mit den Spielern des FC Bologna für Gastmahl
der Liebe *über Sex gesprochen. Was bedeutete es damals,
Fußballer zu einem solchen Thema zu interviewen, das de
facto noch tabu war?*

Das war innovativ und antikonformistisch. Aber wie
ich schon sagte, seine Fragen waren nie provokant oder
arrogant. Er wollte die Dinge verstehen und er schenk-

Rechte Seite: Gianni Morandi und Pier Paolo Pasolini.
Fußballmatch Schauspieler – Sänger, Stadio Flaminio Rom, 1970
© Foto: Umberto Pizzi

te den jungen Leuten und ihren Träumen viel Aufmerksamkeit.

»Dass Frauen Fußball spielen, hat etwas von unschönem Nachäffen. Was das angeht, sind sie ebenso unbegabt wie Benvenuti und Monzon.« Diese Antwort war im November 1975 *im* Guerin Sportivo *zu lesen, in einem seiner letzten Interviews.*

Wenn die Frauen beim Fußballspielen versuchen, die Männer nachzuahmen, dann hat er recht. Spielen sie aber aus Freude an der Sache, ohne die Brutalität und, sprechen wir es ruhig aus, die Korruption des großen männlichen Fußballs, warum nicht, dann tun sie gut daran.

Im Gedicht Pietro II *(Petrus II.) überblendet Pasolini bolzende Vorstadt-Jugendliche mit den Figuren von Intellektuellen und Politikern der damaligen Zeit, auch Sie selbst sind darunter. Gehört dieser unbekümmerte Umgang sowohl mit dem Subproletariat als auch den kulturellen Eliten in gewisser Weise zu den anderen offenkundigen Widersprüchen in seinem Leben?*

Ja, Pier Paolo stand häufig im Widerspruch zu sich selbst. Unter anderem umgab er sich mit intellektuellen, streitbaren, gebildeten und gut informierten Frauen. Bei den Frauen suchte er sein Ebenbild. Bei den Jungen hingegen suchte er das Andere, das Geschlechtliche, einen Körper, den er erobern, lieben konnte. Er sagte oft, dass er niemals mit einer Frau schlafen könnte, weil das so wäre, als schliefe er mit seiner Mutter. Zu seiner Mutter hatte er eine innige Beziehung, die sich offenbar entwickelt hatte, als der zunächst liebevolle und fürsorgliche Vater feindselig und reizbar geworden war. Die Bindung zur Mutter wurde so zum einzigen tiefen Gefühl seines Lebens. Es genügt, einige der ihr gewidmeten Gedichte zu lesen. Das sind leidenschaftliche Liebeserklärungen.

War er tatsächlich unter den Ersten, die erkannten, dass die Gesellschaft des Massenkonsums auch den Sport erfasst hatte?

Mit mir hat er nicht über Fußball gesprochen. Selbstverständlich haben aber viele seiner Aussagen auch in Bezug auf den Fußball einen prophetischen Klang, vor allem, wenn es um den offiziellen Fußball geht, mit dem viel zu viel Geld und Werbung verbunden sind. Das hat die Welt des Sports im Inneren korrumpiert.

ANHANG

Der Dank des Autors geht an ...

Carolina, Silvano und Annalisa, sie selbst wissen, warum.

Alessandro Di Nuzzo und Alessandro Scillitani, für die Tage, die wir, kreuz und quer durch Rom fahrend, auf Pasolinis Spuren verbracht haben; »Er Pecetto«, »Er Pera« und »Cippichetto« aus Donna Olimpia, zeit ihres Lebens *ragazzi di vita*; Valerio Piccioni, der 1996 mit *Quando giocava Pasolini* den Weg geebnet hat; Paolo Masini, für seine große Hilfe in Monteverde; die mittlerweile verstorbene Angela Felice und Piero Colussi vom Centro Studi Pasolini in Casarsa, zentraler Bezugspunkt im Friaul; Andrea Bruscia und Andrea Canzian, die Hauptquellen, was Pasolinis Beziehung zum Fußball in seiner Heimatregion anbelangt; Roberto Chiesi vom Pasolini-Archiv der Kinemathek Bologna; Cristian Ventura vom Percorso della Memoria Rossoblù (ein Projekt zur Fußballgeschichte in Bologna https://www.percorsodellamemoriarossoblu.it); Massimo Izzi und Tonino Cagnucci, deren Erinnerungen gelb-rot gefärbt sind; Fabio Capello, Angelo Benedicto Sormani und Kapitän Giacomo Losi; Mario Valdemarin für seine Erzählungen; die Bibliothek *Enzo Tortora* in Testaccio, deren Bücher ich teils lange entführt hatte; Paolo Ferrari dafür, dass ich die wunderbaren Fotos von Pasolini im rot-blauen Trikot nutzen durfte; den

Guerin Sportivo für das Titelbild; Antonio Padellaro, Giacomo und das gesamte Team von iogiocopulito.it, ohne die dieses Buch nie entstanden wäre; und zu guter Letzt an Francesco Aliberti und den Verlag, weil sie an mich geglaubt haben.

Bibliografie

PIER PAOLO PASOLINI – ARTIKEL UND INTERVIEWS
ÜBER FUSSBALL UND SPORT

Er morto puzzerà tutta la settimana! In: *L'Unità*, 28.10.1957, S. 4.

Tutto sommato mi sembrano un gran calderone. In: *Vie Nuove*, 30.07.1960.

Tradì i pattini per la bicicletta. In: *Vie Nuove*, 10. September 1960.

Dramma sul filo. In: *Vie Nuove*, 17. September 1960.

Reportage sul Dio. In: *Il Giorno*, 14. Juli 1963.

Il Caos. Allo stadio la passione non cambia. In: *Tempo*, 4. Januar 1969. Deutsch v. Agathe Haag und Renate Heimbucher: *Im Stadion hat sich nichts verändert.* In: P. P. Pasolini: *Chaos. Gegen den Terror.* Berlin: Medusa Verlag, 1981, S. 68 f.

Il Caos. Perché Nino non mi è simpatico. In: Tempo, 4. Januar 1969. Deutsch v. Agathe Haag und Renate Heimbucher: *Warum mir Nino so unsympathisch ist.* In: P. P. Pasolini: *Chaos. Gegen den Terror.* Berlin: Medusa Verlag, 1981, S. 67 f.

Il Caos. Salvadore e la pace alla TV. In: *Tempo*, 4. Januar 1969. Deutsch v. Agathe Haag und Renate Heimbucher: *Salvadore und der Fernsehfrieden.* In: P. P. Pasolini: *Chaos. Gegen den Terror.* Berlin: Medusa Verlag, 1981, S. 68.

Il Caos. Benvenuti non serve a nulla. In: *Tempo*, 25. Januar 1969.

Arpino, Giovanni (Interview): *Specchio della domenica. Vinca il migliore.* In: *La Stampa*, 2. Februar 1969, S. 19.

Il Caos. Arpino, Benvenuti e lo sport. In: *Tempo*, 22. Februar 1969.

Il Caos. La faccia di Merckx. In: *Tempo*, 10. Mai 1969.

Il Caos. Sport e canzonette. In: *Tempo*, 29. November 1969.

Cerosa, Guido (Interview): *La guerra di Troia continua.* In: *L'Europeo*, 31. Dezember 1970, S. 74.

Il calcio è un linguaggio con i suoi poeti e prosatori. In: *Il Giorno*, 3. Januar 1971, S. 7.

Biagi, Enzo (Interview): *Dicono di lei: Pasolini.* In: *La Stampa*, 4. Januar 1973, S. 3.

Crosti, Giulio (Interview): *Il principe Monzon alla corte di Pasolini.* In: *Paese Sera,* 4. Februar 1973, S. 16.

Gennariello. In: *Il Mondo,* 6. Februar 1975. Enthalten in: P. P. Pasolini: *Lettere luterane.* Turin: Einaudi, 1976, S. 17. Deutsch v. Agathe Haag: *Lutherbriefe.* Berlin: Medusa Verlag, 1983. Enthalten in: P. P. Pasolini: *Das Herz der Vernunft. Gedichte, Geschichten, Polemiken, Bilder.* Hrsg. v. Burkhart Kroeber. Berlin: Wagenbach 1986, S. 10.

Sabattini, Claudio (Interview): *Il calcio come terapia.* In: *Guerin Sportivo,* 5. November 1975, S. 5f.

WERKE VON P. P. PASOLINI, DIE FUSSBALL-MOTIVE ENTHALTEN

Quaderni rossi. 1946-47. Zitiert nach Piccioni 1996.

Roma 1950. Diario. Mailand: Scheiwiller, 1960.

La passione del fusajaro. In: *Storie della città di Dio.* Turin: Einaudi, 1995.

Ragazzi di vita. Garzanti, Mailand 1976. Deutsch v. Moshe Kahn: *Ragazzi di vita.* Berlin: Wagenbach, 2009.

Una vita violenta. Garzanti, Mailand 2003. Deutsch v. Gur Bland: *Vita violenta.* München: Piper, 1995.

Pietro II. In: *Poesia in forma di rosa.* Mailand: Garzanti, 1976. Deutsch v. Theresia Prammer: *Petrus II., Mittwoch, 6. März (abends),* in: *Gedicht in Form einer Rose,* in: *Nach meinem Tod zu veröffentlichen – Späte Gedichte,* Berlin: Suhrkamp, 2021.

Comizi d'amore (dt. Titel: *Gastmahl der Liebe*). Dokumentarfilm, 1965.

Il padre selvaggio. Turin: Einaudi, 1975.

Le regole di un'illusione. Rom: Fondo Pasolini, 1991.

Amado mio. Preceduto da *Atti impuri.* Mailand: Garzanti, 1982. Deutsch v. Maja Pflug: *Amado mio. Unkeusche Handlungen.* Berlin: Wagenbach, 1997.

Lettere. 1940–1954. Hrsg. v. Nico Naldini. Turin: Einaudi, 1986. Dt. Ausgabe der Briefe: *Ich bin eine Kraft des Vergangenen … Briefe 1940–1975.* Hrsg. v. Nico Naldini. Aus dem Italienischen v. Maja Pflug. Berlin: Wagenbach, 1991.

Lettere. 1955–1975. Hrsg. v. Nico Naldini. Turin: Einaudi, 1988.

Petrolio. Einaudi: Turin 1992. Deutsch v. Moshe Kahn. Berlin: Wagenbach, 2015.

ARTIKEL ÜBER PASOLINI UND DEN FUSSBALL

Anonymer Verfasser: *Incontri con lo sport*. In: *Paese Sera*, 23. März 1956.

Anonymer Verfasser: *Pier Paolo? Era felice soltanto sui campi di calcio*. In: *Il Giornale*, 31. Oktober 2010.

Anzivino, Francesco: *Alberto Perozzi e l'ultima partita di Pasolini*. http://pasolinipuntonet.blogspot.com/2013/08/alberto-perozzi-e-lultima-partita-di.html (abgerufen 30.09.2021).

Cagnucci, Tonino: *Il cuore dentro le scarpe*. Interview mit Ninetto Davoli. In: *Number Ten*, März 2007, S. 98.

Castellani, Massimo: *Bulgarelli, »l'eroe borghese« di Pasolini*. In: Avvenire.it, 3. Oktober 2011. https://www.avvenire.it/agora/pagine/bulgarelli-eroe-borghese-di-pasolini (abgerufen 30.09.2021).

Cucci, Italo: *Io, che a 14 anni scoprii Pasolini ed ero di Destra*. In: *Secolo d'Italia*, 6. November 2010. http://robertoalfattiappetiti.blogspot.com/2010/11/io-che-14-anni-scoprii-pasolini-ed-ero.html (abgerufen 30.09.2021).

Nascimbeni, Giulio: *Pasolini: Che Fiera atroce. Meglio parlare di calcio …* In: *Corriere della Sera*, 28. September 1993.

Onofrio, Marco: *Pasolini, Roma e il gioco del »pallone«*. In: *Vivavoce*, Nr. 86, November 2009. http://www.vivavoceonline.it/articoli.php?id_articolo=1150 (abgerufen 30.09.2021).

Sabattini, Claudio: *Lo sport, religione del nostro tempo*. Interview mit Pier Paolo Pasolini. In: *Guerin Sportivo*, 5. November 1975.

Tabacchi, Luciana: *Nel tempo libero gioca a pallone*. In: *Settimana TV*, 3. April 1971.

D., V.: *Rossoblu, sesso e Pasolini*. In: Repubblica.it, 17. August 2000.

ANDERE QUELLEN

Augé, Marc: *Football. De l'histoire sociale à l'anthropologie religieuse*. In: *Le Débat* 19 (1982/2), S. 59–67.

Bertozzi, Lamberto: *Buon compleanno Bologna FC 1909*. In: *1000 cuorirossoblu.it*, 3. Oktober 2015.

Betti, Laura: *Pier Paolo Pasolini e la passione di un sogno*. Dokumentarfilm, 2001.

Bolognesi, Francesco: *Abbiccì – Il doppio passo*. In: *Rivistaundici.com*, 6. September 2016.

Bruscia, Andrea: *Sessant'anni di calcio a San Giovanni*. Unveröffentlicht, 2006.

Canzian, Andrea: *SAS Juniors Casarsa*. Veröffentlicht durch den Verein SAS Casarsa, 2001.

Citti, Franco: *Vita di un ragazzo di vita*. Mailand: SugarCo, 1992.

Citti, Sergio: *La partita*. Dokumentarfilm, 1987. https://www.dailymotion.com/video/x53fbd

De Mauro, Tullio: *Pasolini critico dei linguaggi*. In: *L'Italia delle Italie*. Rom: Editori Riuniti, 1987.

Galeano, Edoardo: *Der Ball ist rund*. Aus dem Spanischen v. Lutz Kliche. Zürich: Unionsverlag 2014.

Lasne, Laurent: *Pier Paolo Pasolini. Le geste d'un rebelle*. Saint-Cloud: Le Tiers Livre, 2015.

Mugno, Salvatore: *L'ultima partita di Pasolini*. Ebook. Viterbo: Stampa Alternativa/Nuovi Equilibri, 2016.

Ormezzano, Gian Paolo: *Berlinguer: lo stadio non è oppio*. In: *Tuttosport*, 9. Juni 1975.

Piccioni, Valerio: *Quando giocava Pasolini*. Arezzo. Limina, 1996.

Raffaeli, Massimo: *Fra i poeti rossoblu*. In: Paolo Volponi: *Il linguaggio sportivo e altri scritti*. Hrsg. v. Alessandro Gaudio. Neapel: Ad est dell'equatore, 2016.

Renzi, Renzo: *Quasi un compagno di scuola*. In: *Pasolini e Bologna*. Hrsg. v. Gianni Scalia und Davide Ferrari. Bologna: Pendragon, 1998, S. 139.

Rognoni, Alberto: *Perché Pasolini e altre storie*. In: *Guerin Sportivo*, 5. November 195.

Volponi, Paolo: *Il linguaggio sportivo e altri scritti*. Hrsg. v. Alessandro Gaudio. Neapel: Ad est dell'equatore, 2016.

Anmerkungen

1 Der Begriff *borgata* steht im Italienischen meist im Plural und bezeichnet Siedlungen bzw. Wohnkomplexe in den Vorstädten der Metropolen, die zumindest anfangs einer organischen Anbindung an die sie umgebenden Viertel ermangelten. (Anm. d. Ü.)

2 Zitiert nach: https://123dok.org/document/nq7lrjoy-rivoluzione-lucciole-paolo-pasolini-letteratura-antropologia-impegno-civile.html (abgerufen am: 10.09.2021). Es handelt sich wohl um eine Examensarbeit, den Autor konnten wir nicht ermitteln, stehen aber zur Verfügung.

3 Crosti 1973, S. 16.

4 Pasolini: *Il Caos. Allo stadio la passione non cambia.* In: *Tempo*, 4. Januar 1969. Zitate aus *Il Caos* übersetzt v. Judith Krieg.

5 Crosti 1973, S. 16.

6 Pasolini: *Il Caos. Allo stadio la passione non cambi*a. In: *Tempo*, 4. Januar 1969.

7 Heute das Stade Olympique Yves-du-Manoir (Anm. d. Ü.).

8 1955 auf Initiative von Francesco Leonetti, Pasolini und Roberto Roversi gegründete Zeitschrift »für Dichtung«, die bis 1959 erschien und einen Kreis von Mitarbeitern um sich scharte. Das Redaktionsbüro befand sich in Bologna. (Anm. d. Ü.)

9 Raffaeli 2016, S. 11.

10 Aus einem Interview mit Enzo Lavagnini, 2017, aufgenommen für den Dokumentarfilm *Centoventi contro Novecento* von Alessandro Scillitani und Alessandro Di Nuzzo, 2018.

11 Pasolini 1988, S. 124.

12 Pasolini: *Roma 1950. Diario.* Mailand 1960, S. 27.

13 Pasolini 1986, S. 702.

14 Ebd.

15 Citti 1992, S. 120.

16 Crosti 1973, S. 16.

17 Pier Paolo Pasolini: *Gastmahl der Liebe.* Dokumentarfilm, produziert 1965 von Alfredo Bini.

18 V. D. 2000.

19 Castellani 2011.

20 Ebd.

21 Bolognesi 2016.

22 Nascimbeni 1993, S. 33.

23 Pasolini 1957.

24 Pasolini 2003, S. 15. Zitate übersetzt v. Judith Krieg.

25 Ebd., S. 16.

26 Pasolini 2003, S. 21.

27 Ebd.

28 Pasolini: *La passione del fusajaro*. Turin 1995, S. 19.

29 Pasolini 1963.

30 Onofrio 2009.

31 Betti, Laura: *Pasolini e la ragione di un sogno*. Dokumentarfilm. Produziert von Palomar, 2001.

32 Pasolini 1957.

33 Biagi 1973.

34 Bertozzi 2015.

35 Pasolini: *Il Caos. Allo stadio la passione non cambia*. In: *Tempo*, 4. Januar 1969. Zitate aus *Il Caos* übersetzt v. Judith Krieg.

36 Pasolini 1986, S. 39.

37 Luciano Serra (1920–2014), aus Reggio Emilia, besuchte zusammen mit Pasolini Gymnasium und Universität in Bologna; die beiden verband damals eine enge Freundschaft. Serra arbeitete später als Lehrer, veröffentlichte Essays sowie Gedichte im Dialekt der Emilia und war Mitarbeiter verschiedener Zeitschriften. (Anm. d. Ü.)

38 Pasolini 1986, S. 61.

39 Gemeint ist die Literaturzeitschrift *Eredi* (Erben), die Pasolini 1941 mit seinen Studienkollegen Francesco Leonetti, Roberto Roversi und Luciano Serra gründen wollte. Aufgrund von Papierknappheit konnten sie ihre Pläne nicht umsetzen. (Anm. d. Ü.)

40 Pasolini 1986, S. 83.

41 Canzian 2001, S. 26.

42 Ebd., S. 34.

43 Wie zum Beispiel der AS Velasca, 2015 in Mailand gegründet, ein avantgardistischer »Kunst- und Sportverein« unserer Tage, der das künstlerische Element (welches überall gegenwärtig ist, ob in den Trikots der Spieler oder in den Eckfahnen)

mit dem sozialen und geselligen Charakter des Amateurfußballs verbindet.

44 Bruscia 2006.

45 Ebd.

46 Pasolini 2009, S. 15.

47 Als *ragazzi di vita* – wörtlich etwa »Lebejungen«, so auch der Titel seines Romans – bezeichnet Pasolini die verlorenen und auch verrohten Jugendlichen der römischen Vorstädte, die für ihn jedoch gleichzeitig Inbegriff von Lebendigkeit waren. (Anm. d. Ü.)

48 Aus einem Interview des Autors mit Silvio Parrello, September 2016.

49 Ebd.

50 Vgl. anonymer Verfasser 1956.

51 Aus einem Interview des Autors mit Gino Capone, November 2016.

52 Anonymer Verfasser 2010.

53 Ugo De Rossi (geb. 1949) hat mit großen Regisseuren zusammengearbeitet, neben Pasolini etwa auch mit Fellini, Rosi, Bertolucci oder Tornatore. Mit Fellinis *Ginger und Fred* gewann er 1986 den Ciak d'oro für den besten Schnitt. (Anm. d. Ü.)

54 Aus einem Interview mit Ugo De Rossi, 2017, aufgenommen für den Dokumentarfilm *Centoventi contro Novecento* von Alessandro Scillitani und Alessandro Di Nuzzo, 2018.

55 Ein bekanntes Studio für die Postproduktion, insbesondere für den Ton.

56 Eine bereits ländlichere Gegend der Stadt im Südwesten, südlich des Tiber. (Anm. d. Ü.)

57 Tabacchi 1971.

58 Piccioni 1996, S. 135.

59 Ebd.

60 Citti 1992, S. 120.

61 Aus einem Interview des Autors mit Dacia Maraini, Januar 2017.

62 Die Nationalmannschaft existiert noch heute, unter dem Namen *Nazionale italiana calcio attori 1971*. Wie der Name besagt, versammelt sie nur noch Schauspieler in ihren Reihen. (Anm. d. Ü.)

63 Aus einem Interview mit Livio Lozzi, 2017, aufgenommen für den Dokumentarfilm *Centoventi contro Novecento* von Alessandro Scillitani und Alessandro Di Nuzzo, 2018.

64　Fabio Capello (geb. 1946), spielte unter anderem für die Vereine AS Roma, Juventus F. C. und AC Milan. Später machte er eine Trainerkarriere und war u. a. Trainer der englischen und russischen Nationalmannschaft. (Anm. d. Ü.)

65　Aus einem Interview des Autors mit Fabio Capello, Dezember 2016.

66　Aus einem Interview des Autors mit Mario Valdemarin, September 2016.

67　Angelo Benedicto Sormani (geb. 1939), ehemaliger Fußballer, Trainer und Fernsehkommentator, spielte u. a. für die Vereine AC Mantova, AS Roma und AC Milan. Nachdem er die italienische Staatsbürgerschaft angenommen hatte, spielte er auch in der Nationalmannschaft. (Anm. d. Ü.)

68　Aus einem Interview des Autors mit Angelo Benedicto Sormani, Oktober 2016.

69　Restaurant im Nomentano-Viertel in Rom. (Anm. d. Ü.)

70　Aus einem Interview des Autors mit Giacomo Losi, Oktober 2016.

71　Aus dem Interview des Autors mit Mario Valdemarin, 2016.

72　Citti 1992, S. 120.

73　Aus dem Interview mit Ugo De Rossi 2017, aufgenommen für den Dokumentarfilm *Centoventi contro Novecento* 2018.

74　Aus einem Interview mit Decio Trani, 2017, aufgenommen für den Dokumentarfilm *Centoventi contro Novecento* von Alessandro Scillitani und Alessandro Di Nuzzo, 2018.

75　Betti, Laura 2001.

76　Vgl. Piccioni 1996, S. 143.

77　Aus dem Interview mit Decio Trani 2017.

78　Ebd.

79　Vgl. Mugno 2016.

80　Ebd.

81　Ebd.

82　Ebd.

83　Ebd.

84　Citti 1992, S. 121.

85　Vgl. Fallaci 1975.

86　Zitiert nach der Übersetzung des Langgedichts *Pietro II – Petrus II., Mittwoch, 6. März (abends)*, von Theresia Prammer, in Pier Paolo Pasolini *Nach meinem Tod zu veröffentlichen – Späte Gedichte, Italienisch-deutsch*, Suhrkamp, Berlin 2021, S. 191, 193.

87 Vgl. Piccioni 2016, S. 33.

88 Pasolini 2015, S. 31f.

89 a.a.O.

90 a.a.O. S. 190.

91 Interview des Autors mit Mario Valdemarin, 2016.

92 Ebd.

93 Piccioni 2016, S. 7. Im Interview *I ricordi come sogni* (Erinnerungen wie Träume) aus dem Mai 1971, das Dacia Maraini für *Vogue Italia* mit ihm geführt hat, sagt Pasolini weiter: »Das gleiche Gefühl von Teta-veleta empfand ich für die Brüste meiner Mutter.« (Anm. d. Redaktion)

94 Pasolini 1997, S. 66.

95 Aus dem Interview des Autors mit Dacia Maraini 2017.

96 Pasolini: *Il padre selvaggio.* Turin 1975, S. 3.

97 Pasolini 1986, S. 10.

98 Cagnucci 2007. Tonio Cagnucci hat auch ein Buch über Fabrizio De Andrés Liebe zum CFC Genova geschrieben (*Il grifone fragile*, Limina, Arezzo 2013).

99 Pasolini 1953. Übersetzt v. Judith Krieg.

100 Pasolini: *Tradì i pattini per la bicicletta.* In: *Vie Nuove* 1960. Übersetzt v. Judith Krieg.

101 De Mauro 1987, S. 154-155.

102 Alberto Sordi (1920-2003), einer der großen italienischen Filmschauspieler, der vor allem für seine zahlreichen komischen Rollen bekannt ist. Der Durchbruch gelang ihm mit seinen Hauptrollen in Fellinis *Die bittere Liebe* (1952) und *Die Müßiggänger* (1993). Sordi war Römer. (Anm. d. Ü.)

103 Ein Stadion im römischen Stadtteil Testaccio, von 1929 bis 1940 spielte hier der AS Roma. 1940 wurde es wegen Baufälligkeit abgerissen. Nachdem Anläufe zum Wiederaufbau unternommen wurden, liegt das Gelände momentan erneut brach. (Anm. d. Ü.)

104 Pasolini 1957. Das Maskottchen des SSC Napoli ist »O Ciuccio«, ein Esel.

105 Ebd.

106 Ebd.

107 Pasolini: *Il Caos. Salvadore e la pace alla TV.* In: *Tempo* 1969.

108 Pasolini 1991, S. 289 f.

109 Erschienen bei Editori Riuniti, Rom 1977.

110 Pasolini: *Tutto sommato mi sembrano un gran calderone*. In: *Vie Nuove* 1960.

111 Ebd.

112 Pasolini: *Un mondo pieno di futuro*. In: *Vie Nuove* 1960.

113 Vgl. Pasolini: *Tradì i pattini per la bicicletta*. In: *Vie Nuove* 1960.

114 Pasolini: *Dramma sul filo*. In: *Vie Nuove* 1960.

115 Sabattini: *Il calcio come terapia*. In: *Guerin Sportivo* 1975.

116 Galeano 2014, S. 47.

117 Pasolini: *Il Caos. Perché Nino non mi è simpatico*. In: *Tempo* 1969.

118 Pasolini: *Il Caos. Benvenuti non serve a nulla*. In: *Tempo* 1969.

119 Arpino 1969.

120 Pasolini: *Il Caos. Arpino, Benvenuti e lo sport*. In: *Tempo* 1969.

121 Pasolini: *Il Caos. La faccia di Merckx*. In: *Tempo* 1969.

122 Pasolini: *Il Caos. Sport e canzonette*. In: *Tempo* 1969.

123 Ebd.

124 Ebd.

125 Ormezzano 1975.

126 Sabattini: *Il calcio come terapia*. In: *Guerin Sportivo* 1975.

127 Gerosas Beiträge erschienen in sieben Ausgaben von *L'Europeo*, zwischen dem 19. November und dem 31. Dezember 1970.

128 Gerosa 1970.

129 Pasolini 1971.

130 So entstand der Titel der deutschen Ausgabe. (Anm. d. Redaktion)

131 Gerosa 1970.

132 Augé 1982, S. 7.

133 Ebd. S.8.

134 Ebd., S. 1.

135 Galeano 2014, S. 272, übersetzt von Judith Krieg.

136 Ugo Ojetti (1871–1946), italienischer Schriftsteller, Journalist und Kunstkritiker mit antimodernistischem und nationalistischem Einschlag. (Anm. d. Ü.)

137 Giovanni Luigi »Gianni« Brera (1919–1992) war eine zentrale Figur des italienischen Sportjournalismus im 20. Jahrhundert. Er schrieb für zahlreiche italienische und auch internationale Zeitungen und Zeitschriften (etwa *Guerin Sportivo*, *La Gazzetta dello Sport*, *L'Equipe*) und war auch im Fernsehen aktiv. Er gilt als »Theoretiker« des Catenaccio und prägte viele Neologismen. (Anm. d. Ü.)

138 Antonio Ghirelli (1922–2012) war ein italienischer Journalist, Pressesprecher politischer Institutionen und langjähriges Mitglied der KPI. Einer seiner Schwerpunkte war der Sportjournalismus, er war jedoch auch in anderen Bereichen tätig. (Anm. d. Ü.)

139 Gianni Rivera (geb. 1943), ehemaliger italienischer Mittelfeldspieler, lange beim AC Milan und auch in der Nationalmannschaft. Nach seinem Ausscheiden als aktiver Spieler wurde er Vizepräsident des AC Milan und hatte später verschiedene politische Ämter inne. Alessandro »Sandro« Mazzola (geb. 1942) war Mittelfeldspieler, Stürmer (Inter) und italienischer Nationalspieler. Nach seinem Rückzug war er in der Leitung verschiedener Vereine sowie als Fernsehkommentator tätig. (Anm. d. Ü.)

140 Verniedlichungsform für den *Guerin Sportivo*. (Anm. d. Ü.)

141 Cucci 2010.

142 Alberto Rognoni (1918–1999), Graf von Calisese, war Gründer und 24 Jahre lang Präsident des AC Cesena; außerdem von 1953–1973 Verleger des *Guerin Sportivo*. (Anm. d. Ü.)

143 Rognoni 1975.

144 Cucci 2010.

145 Sabattini: *Lo sport, religione del nostro tempo*. In: *Guerin Sportivo* 1975.

146 Vgl. Sabattini: *Il calcio come terapia*. In: *Guerin Sportivo* 1975.

147 Giancarlo Antognoni (geb. 1954), spielte unter anderem für die ACF Fiorentina, in den Siebzigerjahren als Kapitän, und in der italienischen Nationalmannschaft. Später war er auch als Trainer tätig. (Anm. d. Ü.)

148 Luigi Riva (geb. 1944), ein ehemaliger Stürmer (lange für den Cagliari Calcio) und italienischer Nationalspieler. Von 1990 bis 2013 war er Manager der italienischen Nationalmannschaft. (Anm. d. Ü.)

149 Padre Eligio (geb. 1931), mit bürgerlichem Namen Angiolino Gelmini, ist ein italienischer Franziskaner. In den Sechzigerjahren begleitete er den AC Milan als Geistlicher und wurde durch die Freundschaft zu Gianni Rivera und den Besuch mondäner Feste berühmt-berüchtigt. (Anm. d. Ü.)

150 Fulvio Bernardini (1905–1984) spielte u. a. für den AS Roma und S. S. Lazio. Später machte er eine erfolgreiche Trainerkarriere. Als Trainer der Nationalmannschaft (1974–75) hatte er weniger Glück: Die Qualifikation zur EM 1976 scheiterte. Gegen Finnland erreichte Italien mit Mühe und Not ein 0:1, gegen Polen

wurde in Warschau ein Gleichstand erzielt. Enzo Bearzot wiederum spielte etwa für den Torino FC und für Inter; auch er wurde Trainer und übernahm 1975 die Nationalmannschaft von Bernardini. (Anm. d. Ü.)

151 Giorgio Chinaglia (1947–2012) spielte in den Siebzigerjahren für S. S. Lazio und sicherte dem Verein 1973/74 den Meistertitel. 1976 wechselte er tatsächlich zu den New York Cosmos. Er war in Korruptionsskandale und Aktienmanipulationen verwickelt und unterhielt Kontakte etwa zur Camorra; weiter unten spielt Pasolini auch zu diesem früheren Zeitpunkt schon auf mafiöse Verstrickungen an. (Anm. d. Ü.)

152 Hier geht es ebenfalls um ein Vorrundenspiel zur EM im Jahr 1975. Franco Cordova (geb. 1944), italienischer Mittelfeldspieler und kurzzeitig Nationalspieler, seit 1967 beim AS Roma, dessen Kapitän er von 1972–76 war. (Anm. d. Ü.)

153 Grzegorz Lato (geb. 1950), Kazimierz Deyna (1947–89), Robert Gadocha (geb. 1946), ehemalige polnische Fußballspieler und Mitglieder der polnischen Nationalmannschaft. (Anm. d. Ü.)

154 Nico Benvenuti (geb. 1938), italienischer Box-Profi, den Pasolini auch in *Il Caos* kritisierte, und Carlos Roque Monzón (1942–1995), argentinischer Box-Profi. (Anm. d. Ü.)

Inhaltsverzeichnis

Moritz Rinke:
Jedes Tor ist eine eigene Erfindung 9

Einleitung 19

DER FUSSBALLFAN

Bologna, die Rot-Blaue 27
*Die Siegermannschaft,
vor der die Welt erzittert* 29
Eine Fernbeziehung 31
Gastmahl der Liebe 38
Zwei Fußball-Legenden 41
Sympathien für den AS Roma 45

DER FUSSBALLSPIELER

In Bologna 53
Im Friaul 54
Die Jahre in Rom 60
Die Nazionale dello Spettacolo 72
1900 *gegen* 120 79
Das letzte Spiel? 84

DER ERZÄHLER

Fußball in der Vorstadt 93
Körper im Singular, Körper im Plural 97

Der Fußball der »Unverdorbenen« 101
Die Reportage über den Gott 103

DER SPORTREPORTER

Das Schauspiel auf den Rängen 109
Die Olympischen Spiele 1960 114
Der Volkssport 117

DER INTELLEKTUELLE

Opium fürs Volk? 125
Die Linguistik des Fußballs 131
Der letzte sakrale Ritus 135

INTERVIEWS ZUM FUSSBALL

Fußball als Sprache, Fußball als Ritus –
Im Gespräch mit Guido Gerosa 143

Pasolinis letztes Interview
zum Thema Fußball 149
Claudio Sabattini: Sport –
Religion unserer Tage 151
Fußball als Therapie – Pasolini
im Gespräch mit Claudio Sabattini 154

Im Gespräch mit Dacia Maraini 161

ANHANG

Dank 171
Bibliografie 173
Anmerkungen 177

Pier Paolo Pasolini (5. März 1922 Bologna – 2. November 1975 Ostia/Rom): einer der großen italienischen Dichter, an dem wir uns auch im 3. Jahrtausend noch abarbeiten. Als Regisseur, Romanautor und Kolumnist hat er versucht, die italienische Gesellschaft wachzurütteln, schuf unvergängliche Werke. Sein Leben lang wurde er aufgrund seines Denkens und Schaffens als Außenseiter juristisch verfolgt, angefangen bei seinem Ausschluss aus der Kommunistischen Partei infolge fadenscheiniger Beschuldigungen. Seine, wohl gedungenen Mörder wussten nicht, wer er war, denn »Der Dichter sollte etwas Heiliges sein!« (Alberto Moravia, Trauerfeier in Rom am 5. November 1975). Wir versuchen, seine Werke, Gedanken so lebendig wie möglich zu halten. So auch die des leidenschaftlichen Fußballspielers.

Valerio Curcio (1992 Rom): Studium der Literaturwissenschaften, Journalismus, Digitalkommunikation an der Universität La Sapienza – hat sich als Journalist ganz der Welt des Sports und des Fußballs verschrieben. Mental oder leibhaftig ist er stets auf Reisen durch die Populärkultur des Fußballs, hin zu Orten mit mediterraner Seele. Dies ist seine erste Buchpublikation.

Judith Krieg (1977): Abitur in Mailand, Studium in Mainz, Bologna, zuletzt in Berlin, wo sie nun seit langem lebt. Sie übersetzt italienische Literatur, ist Textjongleurin aus Berufung, im Deutschen auf Punkt und Komma zu Hause. Ihre langjährigen Erfahrungen in Verlagswesen und Buchhandel mehren sich weiterhin Tag für Tag.

Questo libro è stato tradotto grazie a un contributo assegnato
dal Ministero degli Affari Esteri e della Cooperazione
Internazionale Italiano.

Dieses Buch wurde dank des großzügigen Beitrags
des italienischen Ministeriums für Außenpolitik und
internationale Zusammenarbeit übersetzt.

Deutsche Erstausgabe
© 2022 Edition Converso, Bad Herrenalb
Originaltitel:
Il calcio secondo Pasolini

© 2018 Compagnia editoriale Aliberti Srls, Correggio (Reggio Emilia)

Übersetzung: Judith Krieg
Lektorat: Monika Lustig
Umschlag unter Verwendung eines Posters an einer öffentlichen
Hauswand in Rom; Fotografie: Valerio Curcio

Umschlag, Layout, Satz: Fagott Ffm
Gesetzt aus der Proforma und der Gobold Lowplus
Gedruckt auf säurefreiem und chlorfrei gebleichtem Papier
Druck und Bindung: Beltz Grafische Betriebe, Bad Langensalza
Printed in Germany
ISBN: 978-3-9822252-6-5

LESEN SIE WEITER IN DEN ALLTAGSHELDEN ZUM THEMA »PIER PAOLO PASOLINI«

Florian Baranyi

Monika Lustig

ALLTAGS-
HELDEN
No. 04

ca. 160 Seiten

Klappen-
broschur

ET Febr. 2022

ISBN 978-3-9822252-7-2 – PREIS 18,00 € [D], € 18,50 [A]

**Pier Paolo Pasolini
Eine Jugend im Faschismus. Betrachtungen**

Mit dem Originaltext Pasolinis: ITALIENISCHE
KULTUR UND EUROPÄISCHE KULTUR IN WEIMAR

NULLA È PIÙ ANARCHICO DEL POTERE, IL POTERE FA PRATICAMENTE CIÒ CHE VUOLE. E CIÒ CHE IL POTERE VUOLE È COMPLETAMENTE ARBITRARIO ...